MÉTHODE

DE

L'ARCHITECTE EN VOITURES

PAR GUILLON

21, rue Lamartine, à Paris.

TABLE DES MATIÈRES.

MÉTHODE DE L'ARCHITECTE EN VOITURES.

1re PARTIE. — DU DESSIN.

INTRODUCTION.

En livrant à l'impression la *Méthode de l'archi-tecte en voitures*, je n'ai pas voulu en faire une œuvre de routine, mais une œuvre de principe. J'aurais pu commencer cet ouvrage par le tracé d'une voiture, par sa composition et sa décompo-sition pièce à pièce, en indiquer les figures et en former le plan par l'exemple. Je n'ai pas jugé que cette manière d'opérer fût suffisante. Chaque par-tie d'une voiture dérive d'une ligne ou d'une fi-gure de mathématiques; c'est cette ligne et cette fi-gure qui sont le type de la régularité dans l'exécu-tion et de l'harmonie dans l'ensemble. Faire un plan, un devis, un dessin, sans connaître d'où dé-rive en principe ce qui constitue chaque partie, c'est véritablement donner, sans s'en apercevoir, gain de cause à la routine. J'ai voulu mettre à même tous ceux qui se serviront de ma méthode, de raisonner sur chaque pièce et chaque partie; de connaître si cette pièce ou cette partie est régu-lière, précise et exacte. Sans vouloir établir ici un cours de mathématiques, sans chercher à faire de la science sans utilité, j'ai reconnu qu'il était indis-pensable de commencer ma méthode par l'ensei gnement des lignes et figures de géométrie qui ont trait à la matière, qui s'y appliquent spécialement, et avec lesquelles on raisonnera principe sur toutes les parties qui constituent l'art du carrossier, et avec lesquelles encore on suivra la construction et l'exécution d'une voiture, pour en faire une œuvre régulière, exacte et correcte. Je donne ici cinquante figures qui, généralement, ont leur application dans les détails comme dans l'ensemble d'un véhicule. Je ne fais pas entrer le lecteur dans une série de dé-monstrations inutiles, il ne s'agit pas ici de faire un mathématicien, mais de donner à l'homme, d'une manière relative, les connaissances propres et in-combant à l'art qu'il professe. Je me contente de représenter la figure; je la dénomme, je la définis, en même temps que j'indique quel est son rapport avec les divers compartiments d'une voiture. En procédant ainsi, je remplis ma tâche : aller plus loin serait non-seulement une superfétation, mais créer des difficultés qui seraient un encombre dans l'intelligence et une superfluité sans but et sans raison. Aussi je n'ai pas voulu surcharger mon livre d'un attirail d'accessoires, comme font la plupart des auteurs : ouvrier, ancien chef d'atelier, j'ai compris qu'il fallait circonscrire la matière dans ses justes limites, pour qu'il y ait netteté, clarté et lu-cidité dans mon œuvre. C'est ce que j'ai cherché à obtenir, trop heureux si les lecteurs, en partageant mon opinion, accueillent mes efforts avec bienveil-lance.

FIGURES GÉOMÉTRIQUES SERVANT DE PRÉLIMINAIRE À LA MÉTHODE.—1re LEÇON.

1

LIGNE DROITE.

Cette ligne indique le passage d'un point à un autre qui est toujours le plus court; elle ne comporte ni lon-gueur ni largeur.

Elle est utile au coup d'œil et dans toutes les parties d'un dessin de voi-ture.

2

LIGNE COURBE.

Cette ligne forme l'arc, et les points sont naturellement plus écartés que ceux de la droite.

Elle sert à adoucir tous les con-tours d'une voiture, comme de guide dans l'assemblage de ses diverses par-ties.

3

LIGNE MIXTE.

Cette ligne, composée de droites et de courbes, n'est ainsi nommée que pour aider à la démonstration.

Dans son application elle est néces-saire pour indiquer les moulures et les gorges.

4 **5**

LIGNE DROITE VERTICALE.

Cette ligne suit la direction du fil à plomb librement suspendu, et laquelle, ajoutée au bas de la ligne horizontale, forme un équerre parfait.

Elle sert à la coupe générale des plans de terre et de miroir.

LIGNE HORIZONTALE.

Cette ligne correspond au niveau d'eau.

Cette figure n'a pas besoin d'expli-cation.

6

LIGNE OBLIQUE. LIGNE OBLIQUE.
Penchant à droite. Penchant à gauche.

Cette figure est nécessaire pour le tracé des capotes et les parties de fan-taisie.

7

LIGNE PERPENDICULAIRE.

En tombant sur une horizontale, elle forme deux parties égales et sert à ré-gulariser l'équerre. Elle se fait en pla-çant sur l'horizontale et parallèlement la pointe sèche d'un compas, et une petite croix se fait avec l'autre pointe comme dessus, alors le centre en est l'aplomb.

La ligne perpendiculaire sert à don-ner l'aplomb d'une caisse comme d'un coffre.

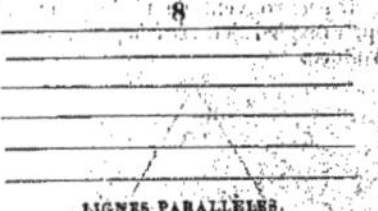

8

LIGNES PARALLÈLES.

Elles sont éloignées également les unes des autres, de manière à ne se rencontrer jamais quoiqu'en les éloi-gnant indéfiniment.

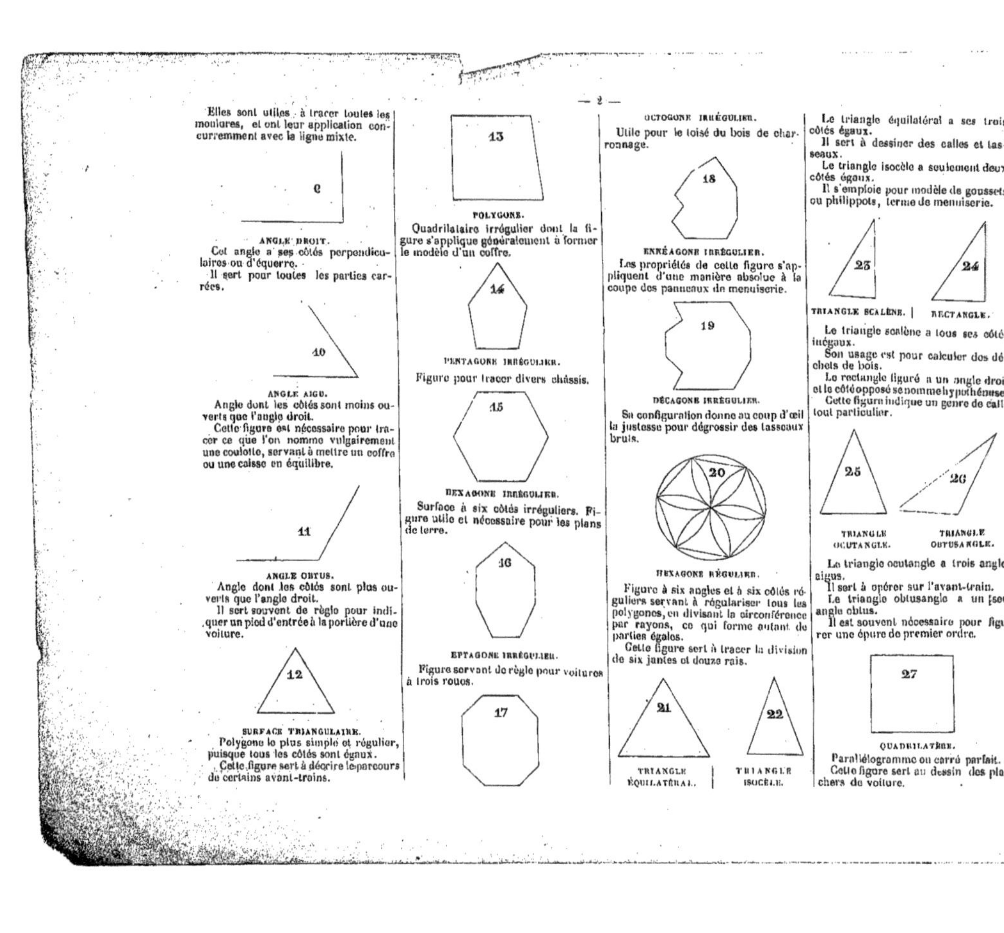

Elles sont utiles à tracer toutes les moulures, et ont leur application concurremment avec la ligne mixte.

ANGLE DROIT.

Cet angle a ses côtés perpendiculaires ou d'équerre.

Il sert pour toutes les parties carrées.

ANGLE AIGU.

Angle dont les côtés sont moins ouverts que l'angle droit.

Cette figure est nécessaire pour tracer ce que l'on nomme vulgairement une coulotte, servant à mettre un coffre ou une caisse en équilibre.

ANGLE OBTUS.

Angle dont les côtés sont plus ouverts que l'angle droit.

Il sert souvent de règle pour indiquer un pied d'entrée à la portière d'une voiture.

SURFACE TRIANGULAIRE.

Polygone le plus simple et régulier, puisque tous les côtés sont égaux.

Cette figure sert à décrire le parcours de certains avant-trains.

POLYGONE.

Quadrilataire irrégulier dont la figure s'applique généralement à former le modèle d'un coffre.

PENTAGONE IRRÉGULIER.

Figure pour tracer divers châssis.

HEXAGONE IRRÉGULIER.

Surface à six côtés irréguliers. Figure utile et nécessaire pour les plans de terre.

EPTAGONE IRRÉGULIER.

Figure servant de règle pour voitures à trois roues.

OCTOGONE IRRÉGULIER.

Utile pour le toisé du bois de charronnage.

ENNÉAGONE IRRÉGULIER.

Les propriétés de cette figure s'appliquent d'une manière absolue à la coupe des panneaux de menuiserie.

DÉCAGONE IRRÉGULIER.

Sa configuration donne au coup d'œil la justesse pour dégrossir des tasseaux bruts.

HEXAGONE RÉGULIER.

Figure à six angles et à six côtés réguliers servant à régulariser tous les polygones, en divisant la circonférence par rayons, ce qui forme autant de parties égales.

Cette figure sert à tracer la division de six jantes et douze rais.

TRIANGLE ÉQUILATÉRAL. | **TRIANGLE ISOCÈLE.**

Le triangle équilatéral a ses trois côtés égaux.

Il sert à dessiner des calles et tasseaux.

Le triangle isocèle a seulement deux côtés égaux.

Il s'emploie pour modèle de goussets ou philippots, terme de menuiserie.

TRIANGLE SCALÈNE. | **RECTANGLE.**

Le triangle scalène a tous ses côtés inégaux.

Son usage est pour calculer des déchets de bois.

Le rectangle figuré a un angle droit et le côté opposé se nomme hypothénuse.

Cette figure indique un genre de calle tout particulier.

TRIANGLE OCUTANGLE. | **TRIANGLE OBTUSANGLE.**

Le triangle ocutangle a trois angles aigus.

Il sert à opérer sur l'avant-train.

Le triangle obtusangle a un seul angle obtus.

Il est souvent nécessaire pour figurer une épure de premier ordre.

QUADRILATÈRE.

Parallélogramme ou carré parfait.

Cette figure sert au dessin des planchers de voiture.

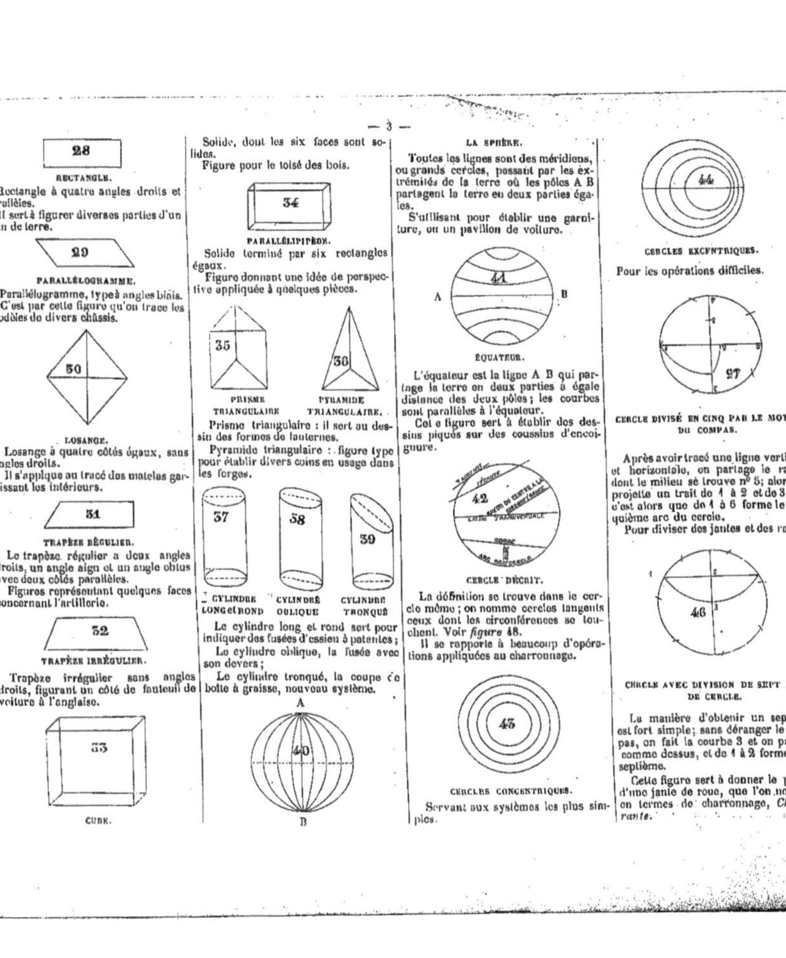

28

RECTANGLE.

Rectangle à quatre angles droits et parallèles.

Il sert à figurer diverses parties d'un plan de terre.

29

PARALLÉLOGRAMME.

Parallélogramme, type à angles biais. C'est par cette figure qu'on trace les modèles de divers châssis.

50

LOSANGE.

Losange à quatre côtés égaux, sans angles droits.

Il s'applique au tracé des matelas garnissant les intérieurs.

31

TRAPÈZE RÉGULIER.

Le trapèze régulier a deux angles droits, un angle aigu et un angle obtus avec deux côtés parallèles.

Figures représentant quelques faces concernant l'artillerie.

52

TRAPÈZE IRRÉGULIER.

Trapèze irrégulier sans angles droits, figurant un côté de fauteuil de voiture à l'anglaise.

53

CUBE.

Solide, dont les six faces sont solides. Figure pour le toisé des bois.

34

PARALLÉLIPIPÈDE.

Solide terminé par six rectangles égaux.

Figure donnant une idée de perspective appliquée à quelques pièces.

35 **36**

PRISME TRIANGULAIRE. PYRAMIDE TRIANGULAIRE.

Prisme triangulaire : il sert au dessin des formes de lanternes.

Pyramide triangulaire : figure type pour établir divers coins en usage dans les forges.

37 **38** **39**

CYLINDRE LONG et ROND. CYLINDRE OBLIQUE. CYLINDRE TRONQUÉ.

Le cylindre long et rond sert pour indiquer des fusées d'essieu à patentes ;

Le cylindre oblique, la fusée avec son devers ;

Le cylindre tronqué, la coupe de boîte à graisse, nouveau système.

40

LA SPHÈRE.

Toutes les lignes sont des méridiens, ou grands cercles, passant par les extrémités de la terre où les pôles A B partagent la terre en deux parties égales.

S'utilisant pour établir une garniture, ou un pavillon de voiture.

41

ÉQUATEUR.

L'équateur est la ligne A B qui partage la terre en deux parties à égale distance des deux pôles ; les courbes sont parallèles à l'équateur.

Cette figure sert à établir des dessins piqués sur des coussins d'encoignure.

42

CERCLE DÉCRIT.

La définition se trouve dans le cercle même ; on nomme cercles tangents ceux dont les circonférences se touchent. Voir *figure* 48.

Il se rapporte à beaucoup d'opérations appliquées au charronnage.

43

CERCLES CONCENTRIQUES.

Servant aux systèmes les plus simples.

44

CERCLES EXCENTRIQUES.

Pour les opérations difficiles.

27

CERCLE DIVISÉ EN CINQ PAR LE MOYEN DU COMPAS.

Après avoir tracé une ligne verticale et horizontale, on partage le rayon dont le milieu se trouve n° 5; alors on projette un trait de 1 à 2 et de 3 à 6; c'est alors que de 1 à 6 forme le cinquième arc du cercle.

Pour diviser des jantes et des rais.

46

CERCLE AVEC DIVISION DE SEPT ARCS DE CERCLE.

La manière d'obtenir un septième est fort simple; sans déranger le compas, on fait la courbe 3 et on partage comme dessus, et de 1 à 2 forment un septième.

Cette figure sert à donner le patron d'une jante de roue, que l'on nomme, en termes de charronnage, *Chamarants*.

47

POLYGONE ÉTOILÉ.

Pour opérer, il faut partager la circonférence en cinq et tirer des lignes droites comme ci-dessus, partant de chaque n° 1, 2, 3, 4, 5.

Il sert à orner des armoiries.

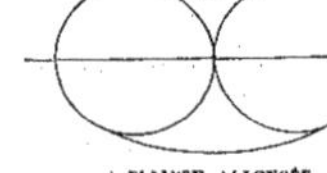

48

ELLIPSE ALLONGÉE.

Pour établir cette figure, on tire deux lignes horizontale et verticale croisées et deux circonférences tangentes du point de centre qu'on cherche par la ligne verticale en haut et en bas. on tire deux arcs de cercle tangents, et l'ellipse est tracée; il en est de même pour toutes les sortes d'ellipses, soit allongées ou raccourcies.

Cette figure est pour les cintres allongés.

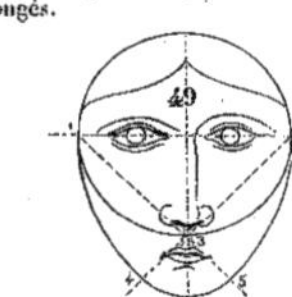

49

OVALE PARFAIT.

Pour tracer cette figure, on décri une circonférence et on tire une lign transversale 1, 2, du centre alors on descend une perpendiculaire qui sert d'aplomb de 1 et 2; comme centre on décrit une ellipse tangente, jusqu'à 4 et 5, et du centre 3 on décrit l'arc de cercle qui termine et ferme l'ovale auquel les Égyptiens, encore aujourd'hui même, attribuent l'anatomie de la tête, en le partageant comme dessus, les yeux sont à la ligne de moitié, le bas du nez à la ligne de moitié entre le nez et le menton, et la bouche à la ligne de moitié entre le menton et le nez.

Cette figure s'applique à former divers jours pratiqués dans des panneaux.

50

COLONNE D'ORDRE COMPOSITE
CHAPITEAU
FUT
BASE
PLAN DE LA BASE DE LA COLONNE

COLONNE D'ORDRE COMPOSITE,

Servant à l'ornementation adaptée à beaucoup de voitures de cérémonie.

Une colonne se compose toujours de trois parties principales :

1° La base;
2° La colonne;
3° L'entablement.

La partie inférieure, c'est-à-dire la *base*, doit avoir le plus de force et être la moins ornementée, et a, d'après les règles reconnues, un *neuvième* de la hauteur de la colonne.

La *colonne* doit être cylindrique jusqu'au tiers de sa hauteur; à partir de ce point, elle diminue, en s'élevant, jusqu'à l'entablement, et sa hauteur doit être de sept fois le diamètre de sa base.

Le *chapiteau*, composé généralement de différents ordres, est ordinairement d'un septième de la hauteur de la colonne, y compris la base; — quant à la saillie, elle est proportionnée au diamètre, et peut être estimée au *quart* du diamètre de la colonne.

Pour avoir la mesure du *module*, ou de l'échelle de proportion, on prend le demi-diamètre de la colonne.

En présentant cette 50° figure, il est utile de connaître combien il y a d'ordre dans l'architecture; il y en a *cinq*, savoir :

Le toscan, le dorique, l'ionique, le corinthien et le composite.

Le *dorique*, l'*ionique* et le *corinthien* nous viennent des Grecs.

Le *toscan* et le *composite* sont des Romains, et ces deux ordres ressortent des trois autres; cependant, c'est à Rome que l'art de l'architecture a progressé le plus, et l'architecture s'est étendue si loin qu'elle fut obligée de se diviser en art *civil*, *militaire* et *naval*.

L'*architecture civile* comprend les maisons particulières, les édifices publics, palais à lambris et combles dorés : son origine date de Septime Sévère.

L'*architecture militaire* comprend toutes les constructions de forts, redoutes et autres ouvrages nécessaires à l'attaque ou à la défense des places de guerre et du territoire.

L'*architecture navale* s'occupe des ports, des vaisseaux et des canaux.

En passant, nous ferons observer qu'on s'occupe d'un travail qui doit combler une lacune qui satisfera les amis des arts ; il s'agirait de reconnaître officiellement à l'architecture industrielle le rang que l'art lui a assigné depuis longtemps et que l'opinion et la justice lui ont départi.

OBSERVATION IMPORTANTE.

Je n'entends pas faire ici un cours de mathématiques, c'est pourquoi je n'ai établi que des définitions très succinctes, afin de donner purement et simplement une idée des figures géométriques qui ont rapport à la construction des différentes parties d'une voiture. Ainsi, le lecteur ne doit voir là qu'une indication, et rien de plus.

Cependant, dans le cours de la méthode, s'il est nécessaire de donner plus de développement, je renverrai la figure, et j'expliquerai la manière d'opérer seulement en ce qui concerne son application à la carrosserie.

J'ai posé ici, sans discontinuité, tout ce qui dans la géométrie a trait à la voiture, afin de vider ma méthode de figures, qui eussent trop rompu le texte et auraient jeté peut-être quelque diffusion aux yeux de beaucoup de lecteurs. Ces diverses coupes géométriques, à côté d'un compartiment, auraient encore, au premier coup d'œil fait croire à quelque difficulté et découragé le lecteur; j'ai voulu obvier tout, c'est pourquoi j'ai jugé à propos d'établir une introduction à ma première leçon pour ne plus donner que du charme et de l'entrain à celui qui s'adonnera à la connaissance de l'architecture en voitures.

J'ai assez étudié mon sujet pour le voir réduit à un point facile, et pour graver mes démonstrations laconiques dans l'esprit, sans peine et sans travail.

MÉTHODE TRAITANT DU DESSIN.

PREMIÈRE PARTIE.

TITRE PREMIER.

CHAPITRE Ier.

L'art n'a pas encore accordé un titre d'adoption à celui qui trace et exécute le plan d'une voiture, d'après les calculs et les règles mathématiques appliqués à chacune de ses parties et à son ensemble.

Il y a cinquante ans, le carrossier formulait, plus ou moins bien, lui-même ses plans et dessins ; — celui qui avait moins d'intelligence exécutait sur ce qu'il avait appris par routine comme ouvrier ; aussi l'art du carrossier ne pouvait progresser ; le calcul, les règles mathématiques manquaient d'hommes pour en faire une application spéciale à ce genre d'industrie. Aujourd'hui que l'art s'est développé, des hommes se sont adonnés à la connaissance et à l'étude profonde du dessin appliqué aux plans, à la composition des formes, des lignes, à l'ornementation qui donnent un nouvel essor à cette industrie. Ces hommes spéciaux doivent avoir un *nom*, et ce nom manque dans nos mœurs, dans les sciences et les arts. Je ne pouvais faire une méthode sans nom, j'ai donc été forcé d'en chercher un. Le mot ingénieur en voitures m'a paru trop savant, trop grand et par suite trop prétentieux. — J'ai pensé que le mot *architecte* conviendrait mieux, et j'ai dû prendre sur moi de le *définir* d'après mon *expérience* et mes *études* pour l'appliquer à la matière.

Ce n'est qu'avec une certaine défiance de moi-même, que je m'élève ici en matière, mais je le fais moins par orgueil, par vanité, que par la nécessité absolue de donner un nom à un genre de composition artistique qui n'en a point, comme je le disais il y a un instant, dans nos mœurs et dans le monde savant. Au surplus, je n'ai pas le sot amour-propre de croire que je ne laisse plus rien à faire, je jalonne le terrain, je pose les fondements d'une œuvre qu'un plus capable que moi pourra un jour augmenter. Comme l'abeille, j'apporte ma part à la ruche, trop heureux si, par cette coopération, je puis rendre quelques services, être utile à l'art et à mes concitoyens.

Dès mon début, je dois commencer par définir ce que l'on entend par le mot *architecte* en voitures.

L'*architecte* en voitures est celui qui dresse, exécute, donne les *plans* et les *coupes* pour établir, construire, confectionner une voiture dans ses *lignes* et ses *formes*.

Voilà ma définition posée dans toute sa rectitude, et il n'y en a pas d'autres ; elle est formulée dans les termes mêmes qui constituent la profession de l'*architecte* en voitures. Cependant, le tracé d'un plan n'est pas suffisant pour être architecte ; il y a d'autres conditions, d'autres aptitudes, d'autres connaissances, qui, sans faire partie ou sans entrer d'une manière rigoureuse dans la définition que je viens de poser, sont d'une nécessité si absolue, qu'il est impossible d'arriver à un travail sérieux et d'exécution sans leur concours. Ces conditions, ces aptitudes, c'est la *connaissance réelle*, c'est le *mérite*, la *propriété* des *matériaux* à employer et toutes les différentes ou diverses manières de les apprécier, de les travailler, de les mettre en état et de les utiliser.

On comprend maintenant que le tracé d'une voiture ne suffirait pas pour être *architecte* en voitures ; on ne serait purement et simplement qu'un dessinateur : aussi ce que je viens de dire est le corollaire, rationnellement parlant, de la définition que j'établis.

Après cette définition et son corollaire, je ne puis poser, asseoir mes exemples, mes explications, mes démonstrations, sans préalablement parler de l'échelle de proportion, car, sans elle, il est impossible de tracer un plan régulier, uniforme et dans les dimensions voulues. L'échelle de proportion indique donc les mesures sur lesquelles on doit faire le plan d'une voiture ou de ses divers compartiments.

Cette échelle représente en *petit* toutes les mesures quelconques, anciennes, nouvelles, qu'il plairait de prendre pour exécuter un dessin ; par exemple : la *toise*, le *mètre*, le *pied*, l'*aune*, etc. etc. Ainsi n'importe la mesure prise, il faut qu'elle soit rigoureusement, et d'une manière absolue, divisée dans tous ses points, de même et pareillement à la mesure qu'elle représente.

Pour établir l'échelle de proportion, il faut d'abord fixer la fraction d'après laquelle et sur laquelle le travail et le plan doivent se faire, un 5ᵉ je suppose, un 10ᵉ, un 15ᵉ, un 20ᵉ, un 24ᵉ (c'est cette dernière division du mètre que j'ai prise pour tous mes plans, alors je ne parlerai ici que de cette mesure). Pour établir l'échelle de proportion, dis-je, on place devant soi un mètre que l'on partage en 24 parties égales. On prend une de ces 24 parties, laquelle se divise en 100, pour représenter exactement le mètre, c'est-à-dire la mesure dont cette partie est la représentation fictive ou figurée.

On procède de même, ainsi que je viens de le dire, pour toute autre mesure d'après laquelle on voudrait tracer un plan, qu'importe que la nature ou la dimension de la mesure soit française ou étrangère.

Après ces explications, je vais entrer en matière, sans surcharger mon traité de ces mille et une circonlocutions qui ne font que grossir et rendre plus compacte un livre, mais qui, tout ayant l'apparence de donner plus de prix à l'ouvrage, ne font souvent que l'obscurcir, qu'à mettre peu à l'aise le lecteur et à lui produire de ces impatiences qui l'indisposent contre l'auteur. J'éviterai, autant que possible, les inconvénients et les défauts que je signale ; je serai bref pour être bien compris, et j'aborderai de front tous les sujets que je traite dans le cours de ma *méthode* de l'*architecte* en voitures.

Echelle de proportion.

Deux mètres.

CHAPITRE II. — **DES ROUES**.

DES ROUES.

Les figures que je représente ici ne sont qu'une même *roue* définie sur toutes ses faces, et *réduite* au 24° comme l'*échelle* de *proportion*.

La *figure* A représente la *roue* en *dedans*, sur un plan d'élévation : cette roue est divisée en sept parties égales, c'est-à-dire en sept *jantes*. Pour opérer cette division régulièrement, mathématiquement, il faut recourir à la *figure* 45 de mon introduction, qui explique la manière de faire cette opération ; le peu de mots qui se trouvent sous cette figure, et le tracé numéroté des lignes formées dans le cercle, indiquent suffisamment la solution de ce problème sans nous étendre davantage à ce sujet.

La *figure* B représente un *plan de miroir*, ou, pour mieux me faire comprendre, une roue vue en face d'une voiture, lorsque cette *roue* n'est pas encore déversée par la *fusée* d'essieu, mais seulement *écuée*. Pour la tracer et en faire le plan, il faut opérer sa réduction et prendre, comme *écuanteur*, un 30° de sa hauteur qui est, dans la figure dont il est ici question, de *un mètre soixante centimètres* ; ce 30° est de *cinq centimètres et trois millimètres*, mesure de la roue de haut en bas, entre la jante et la ligne verticale que l'on voit dans la figure.

La *figure* C représente la roue sur un plan d'élévation, avec *rais* et moyeu. L'établissement des *rais* est facile, on partage purement et simplement la *jante* en *deux*, et cette opération donne la division comme le nombre des rais qui constituent la roue d'une voiture.

La *figure* D est un *plan de terre*, vu d'en bas. Pour tracer cette *roue*, vous prenez le double de l'*écuanteur* et vous placez votre compas au point de centre sur la ligne verticale et vous suivez l'opération, ainsi qu'il est indiqué dans la figure 48 de l'introduction qui donne le moyen de former une *ellipse allongée*.

La *figure* E est encore un *plan de miroir*, elle

Fig. A.

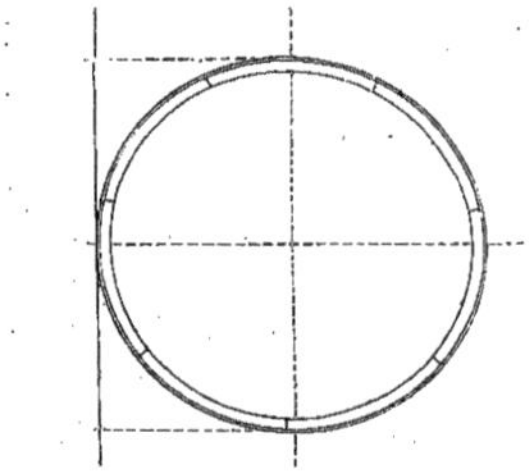

Fig. B.

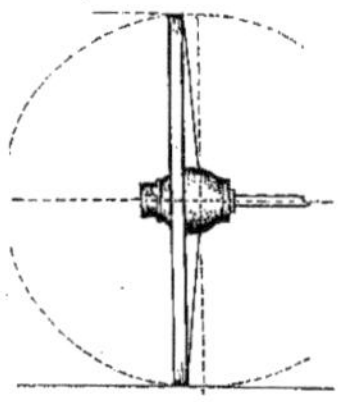

Fig. C.

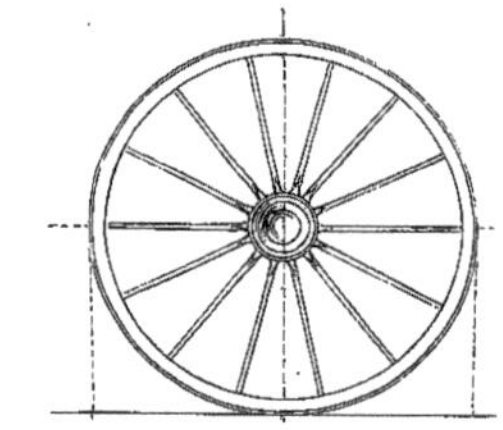

Fig. D.

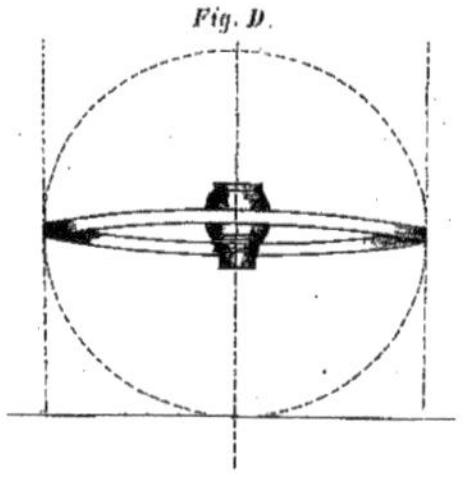

Fig. E.

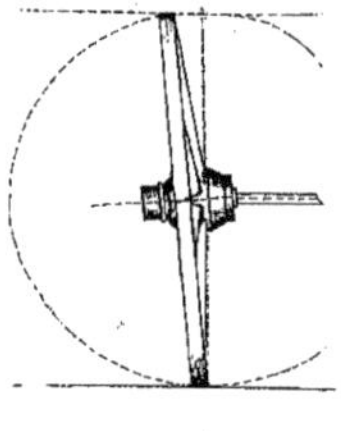

Fig. F.

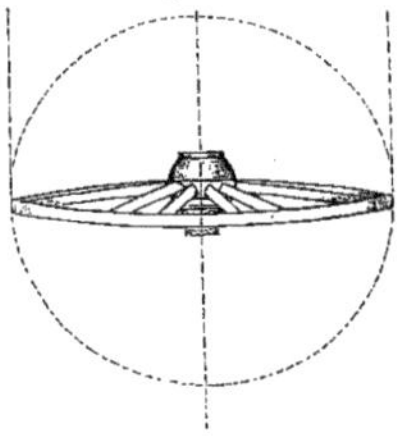

représente une *roue* avec sa boîte et dont la fusée d'essieu est déversée, ce qui constitue cette *pièce* prête à faire son service et à rouler. Je dois m'arrêter un instant sur le *dévers*, qui veut dire n'être pas d'aplomb, et indiquer le moyen de tracer sur le papier cette figure d'une manière nette et régulière. Il s'agit donc de trouver le *dévers*. Examinez la figure B : la *roue*, comme vous le voyez, n'est point *déversée*, la *jante* du haut et du bas est également éloignée de la ligne verticale. Portez maintenant les yeux sur la *figure* E, le bas de la *roue* touche à la ligne verticale, mais le haut de la roue a un écart de cette ligne plus étendu que dans la *figure* B, ce qui constitue le *déversement*. Mais ce dévers a une règle et je dois l'indiquer, c'est de prendre les *deux distances d'en haut* et *d'en bas* de la *figure* B, c'est-à-dire les deux points du plus grand éloignement de la roue à la *verticale*, et ces *deux distances* réunies forment le dévers du haut de la roue de la *figure* E. Voilà une indication, mais elle n'est point suffisante, et je dois donner le moyen de s'assurer de cette régularité. Le moyen est simple : on tire une parallèle à la *jante* sur le cordon de derrière du *moyen*, puison prend l'équerre que l'on pose sur le

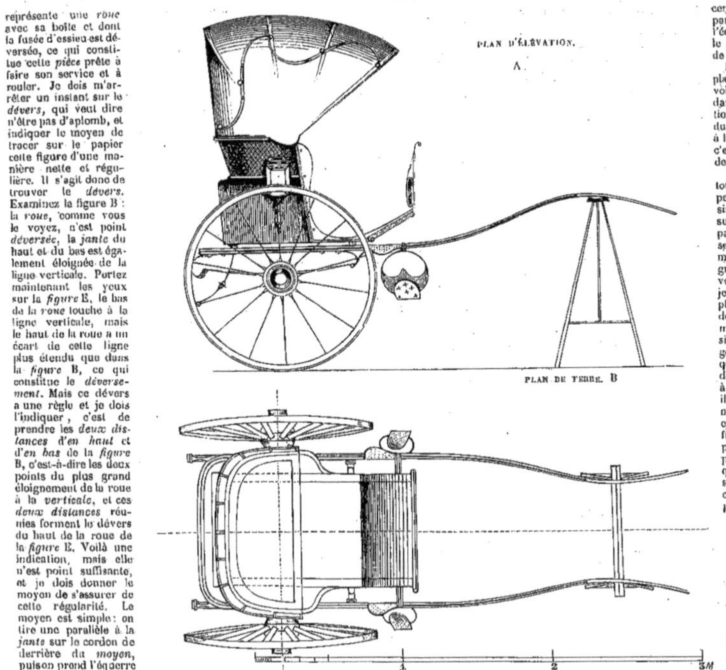

centre de l'essieu, à partir de la rondelle, et l'équerre donnera juste le *dévers* ont je viens de parler.

La *figure* F est un plan de terre, vu à vol d'oiseau. Je n'entre dans aucune explication à cet égard, attendu que tout a été dit à la *figure* D, et qu'ici, c'est la même manière de procéder.

Après avoir établi tous les divers principes et moyens de dessiner une *roue*, prise sur toutes ses faces, je passe maintenant au second titre, et je vais m'occuper, plus en grand, du dessin de la voiture. Le modèle que je présente est un des plus faciles, car je dois suivre dans ma méthode une progression propre à encourager le lecteur ou celui qui se livrera à l'art du dessin. Avant d'arriver à quelques difficultés, il faut familiariser la main, il faut exercer le coup d'œil, avancer au fur et à mesure, petit à petit (si je puis m'exprimer ainsi), pour que la marche soit sûre et le chemin parcouru utile à l'art et au progrès.

CHAPITRE III.

DU TILBURY.

(Fig. A).

TILBURY A QUATRE RESSORTS, DONT DEUX EN TRAVERS DANS LE TRAIN.

La première règle pour tracer une voiture est de commencer par figurer le *sol*, car c'est le *sol* qui est le point de départ de la hauteur : vous tracez donc d'abord une ligne, ainsi qu'elle est indiquée au modèle que je présente. Il est bien entendu que je parle ici du dessin en grand. La ligne du sol étant tracée, on fait le dessin de caisse, suivant les mesures et proportions du modèle qui sont, savoir :

Le plancher de caisse à 95 centimètres de la hauteur du sol.

1 mètre 80 centimètres pour la caisse prise dans toute sa longueur, c'est-à-dire depuis le *derrière* du *coffre* jusqu'au bout de la *coquille*.

80 centimètres est la mesure de la *largeur* du coffre.

La *rotonde*, que l'on appelle aussi fauteuil de siége, doit avoir, comme sur le plan de terre, 1 mètre 20 centimètres, de largeur d'assise, et à la ceinture 1 mètre 40 centimètres, ce qui, par conséquent, donne un *évasement* de 10 centimètres de chaque côté. Cet *évasement* ne suffirait pas pour donner de la commodité, une tournure, un genre à la ceinture de la voiture dont je présente ici le modèle ; il faut que, *derrière*, cet *évasement* soit *double* de celui des côtés, afin de produire un bon effet.

Après avoir ainsi opéré, on arrive au tracé du brancard et du ressort.—Le *brancard* doit avoir 1 mètre 93 cent. de longueur à partir de la traverse du devant et 1 mètre 40 cent. depuis la traverse jusqu'au derrière du train. Ces lignes, une fois tracées avec soin et régularité, c'est alors qu'on procède au placement de la roue, et c'est ainsi qu'il s'agit de faire. On prend la mesure de la caisse dans toute sa *longueur*, ensuite la *moitié* juste et précise de cette longueur, et au *point* de cette division on figure l'*essieu* à 22 centimètres en *arrière*, ce qui, dans l'exécution, met, ainsi que cela se dit dans la pratique, ce tilbury en bonne charge.

Après avoir figuré ce que je viens d'indiquer, on arrive au *marche-pied*, en ayant le soin de laisser toujours la distance du sol plus haute pour arriver à la marche, que la distance à franchir du marche-pied pour se loger dans la caisse, ou si l'on aime mieux, pour monter jusqu'à la caisse.

Maintenant, il s'agit des *ressorts*, et conséquemment de les repro-duire par le *tracé*; en général, les ressorts varient suivant la proportion de la charge, de la force et de la pesanteur de la voiture dont on fait le plan; mais, dans le modèle que je donne, ils sont à 4 *feuilles* d'acier, 4 centimètres de *largeur* et 1 mètre 5 centimètres de *longueur*.

Ils sont aussi de 18 centimètres en contre bas du brancard et portent sur le patin d'essieu sans tasseaux. Ma tâche, malgré les détails dans lesquels je viens d'entrer, n'est point remplie; j'ai à m'occuper du même plan, mais dans une autre condition.

PLAN PAR TERRE (*fig.* B),

OU VUE DE CE MÊME TILBURY A VOL D'OISEAU.

Ce *plan* est du plus haut intérêt et mérite de fixer toute l'attention, puisque c'est ce *plan* qui sert a déterminer toutes les *largeurs*, la *voie* et le *dévers*. Je confesse que cette *figure* n'est pas sans difficulté pour un commençant, mais pour régulariser mon travail, il était impossible que je ne parlasse pas ici du *plan par terre*, puisque c'est par lui qu'on fixe les principales mesures de véhicule. Cette difficulté, qui paraîtra au premier aperçu, n'en sera plus une, si la bonne volonté, aidée d'un peu d'intelligence, concourent simultanément pour arriver à la même fin ou au même but. Avant de le tracer en grand, il faut familiariser la main à dessiner ce plan textuellement, c'est-à-dire, ainsi qu'il est représenté, en mettant la plus grande attention à bien suivre le trait et la proportion des lignes. Après l'avoir exécuté ainsi à plusieurs re-prises, naturellement on s'en rendra compte, et les difficultés seront vaincues.

Maintenant, j'ai à expliquer l'*ordre* dans lequel ce tracé doit être fait.

1° On doit figurer les lignes représentant le plancher de la caisse, 2° les brancards, 3° la traverse de devant, 4° l'écartement des brancards à la dossière, 5° le fauteuil à rotonde, 6° le derrière des brancards. 7° les ressorts et les roues.

Le tracé en grand s'opère de cette manière: après avoir figuré le *plancher* de la caisse suivant la mesure réelle, on décrit les brancards et on les place à treize centimètres plus *larges* que les lignes de la caisse tant derrière que sur les côtés, et cette *distance* de treize centimètres doit s'observer entre le *plancher* et le *dedans* du brancard de train. La traverse du devant se place plus ou moins éloignée ou rapprochée, mais il faut toujours laisser le *débattement* nécessaire, estimé à dix-huit *centimètres* du dessous de la *coquille*, jusqu'à la traverse.

A l'endroit de la *dossière*, au-dessus du *tréteau*, l'écartement doit être de soixante-neuf centimètres et un mètre vingt centimètres de hauteur du sol. Toutes ces mesures étant données, on dessine alors de gouverne, et ensuite on donne la tournure que l'on veut, suivant l'idée et le goût.

Pour figurer les *ressorts en travers*, la mesure on est prise d'après l'écartement des brancards.

Relativement à l'*essieu*, il faut, avant de le tracer, s'assurer si les *débattements* sont dans les proportions; les *moyeux* et les *patins* où reposent les ressorts en déterminent les mesures.

CHAPITRE IV.
DU DOG-CART.
PRÉAMBULE.

Dans mon premier chapitre, après avoir dessiné une *roue* sur toutes ses *faces*, ce qui, d'un côté, donne déjà une habitude du crayon, et, de l'autre, ce qui ouvre l'intelligence du dessinateur pour opérer dans les proportions des *plans en dedans*, de *miroir*, d'*élévation*, de *plan de terre*, etc. J'ai passé dans un *second chapitre* aux règles et au tracé d'un tilbury. Du moment où l'on aura parfaitement saisi et rendu les exemples que j'ai posés, le des-

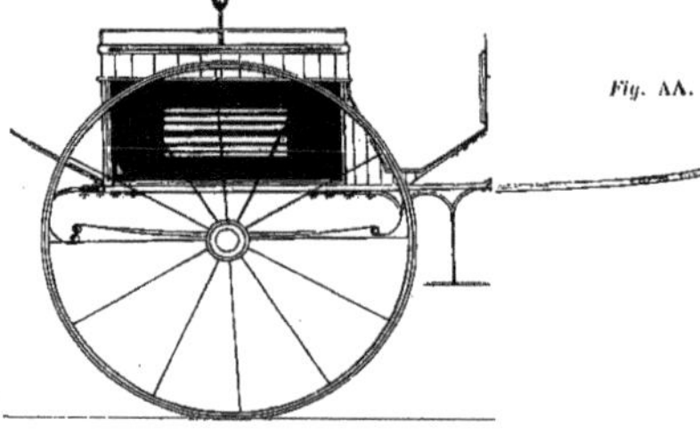

Fig. C.

Fig. D.

ECHELLE.

5 METRES.

sinateur aura acquis une facilité dont il ne pourra se rendre compte lui-même, laquelle ne fera que progresser, si celui qui veut s'appliquer à cet art ne passe pas d'un litre à un autre, sans examiner, opérer et tracer exactement, régulièrement ce qui se trouve dans les leçons précédentes. Comme chaque genre de voiture doit faire partie de ce traité de dessin; je dois commencer par des éléments faciles, et c'est pour mettre d'accord le précepte et l'exemple que ce chapitre va traiter d'un véhicule simple et d'une exécution facile.

DOG-CART (Fig. AA).
A 4 PLACES, A 2 RESSORTS ET A 2 ROUES.

Je dois prévenir que je ne répéterai pas toujours les mesures, parcequ'elles sont fort souvent les mêmes : une fois établies, comme je l'ai déjà fait au chapitre 3, au sujet du tilbury, je n'en parlerai plus que dans les cas d'une absolue nécessité, et ce, pour deux raisons — la *première*, c'est qu'il y aurait trop de redites — la *seconde*, c'est qu'il faut s'habituer à mesurer sur l'échelle de proportion, chose que l'on ne pratiquerait pas si, à *chaque* dessin on exemple, les *mesures* étaient données.

Pour dessiner ce dog-cart, il faut tracer sa caisse à la hauteur du sol, ainsi qu'on la voit à la figure A A., puis on partage la caisse par moitié, en une ligne verticale. Cela fait, on décrit le cercle de la roue ainsi que son moyeu ; vient ensuite le brancard qui se fait ainsi que je l'ai démontré dans le chapitre précédent, au sujet du tilbury.

Je dois faire observer que la caisse de ce dog-cart est fixée au brancard, et, si je ne donne pas le plan de terre, c'est que ce genre de voiture est trop simple pour n'être pas à la portée de toutes les intelligences.

Ce qu'il importe de connaître, ce sont les largeurs ; les voici : 1° un mètre vingt centimètres de largeur de coffre; 2° six centimètres de distance, entre les brancards et la caisse, et je dirai ici que ce n'est point comme débattement, puisqu'il n'en est pas besoin, mais comme chose de goût : en effet, cette caisse est attachée sur les brancards par quatre petites pattes en fer et boulonnées.

Les *mains* qu'on aperçoit fixées au brancard et dont les écrous sont figurés se tracent au compas. Il en est de même des marche-pieds tenant au brancard, et de la main de devant; mais, avec le compas, il est nécessaire ici d'employer la règle.

Dans ce modèle présenté il y a peu de contours, il est facile à dessiner pour les commençants.

Je ferai remarquer que toutes les petites lignes qu'on voit figurées au *fauteuil de caisse* et au *devant* de la *coquille* ne sont que pour indiquer les imitations de peinture.

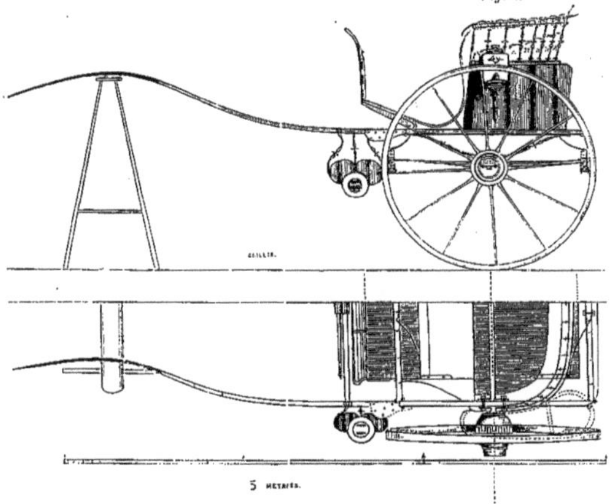

CHAPITRE V.
DU STANHOPE.
PRÉAMBULE.

Mes lecteurs doivent s'apercevoir que je mets le plus d'ordre possible dans mon enseignement. et que je m'applique à ne donner ici que ce que la Carrosserie peut produire de plus facile pour le dessin. Je vais donc épuiser les différentes formes de tilburys avant de passer à d'autres voitures; la main étant parfaitement exercée. éprouvera peu de difficulté, lorsque je tracerai les Cabriolets, les Calèches, les Coupés, les Berlines, etc., Je ne puis m'écarter de cet ordre méthodique, sans compromettre mon enseignement, et c'est pour hâter le progrès de celui qui se livrera au dessin que j'établis ainsi les jalons de son avancement dans un art si essentiel au Carrossier.

STANHOPE.—*Fig.* C D.

Le mot *Stanhope* est anglais, et nous l'avons francisé. En effet, il n'est pas plus petit Carrossier des départements qui ne connaisse un *Stanhope*, qui ne signifie rien autre chose que *Tilbury* à ressorts, en châssis et à échantignolles à jour. Avant d'entrer en matière sur le dessin de cette voiture, je dois dire un mot sur le montage, ce qui est important de savoir pour le dessinateur.

On préfère généralement le montage à ressorts en travers, et tenant aux brancards; mais comme beaucoup de consommateurs tiennent et aiment encore le genre que je donne ici, je dois nécessairement en faire la description.

On trace la *caisse*. ainsi qu'il a été expliqué au chapitre 3. *fig*. A. La seule différence est celle-ci, c'est que les ressorts en travers sont attachés par des *menottes* brisées aux bouts des ressorts d'essieu, d'où il suit que la caisse joue entièrement dans le train ; de là, la conséquence qu'il faut un peu plus de *débattement* qu'au tilbury proprement dit de la *fig*. A et B. du chapitre 3. Il faut ajouter encore qu'il y a un peu plus de travail par rapport aux 4 échantignoles, dont 2 sur l'essieu supportant le train et 2 sur les ressorts en travers pour supporter la caisse.

Relativement à la place de l'essieu, on opère ainsi que je l'ai démontré pour le tilbury du chapitre 3, *fig*. A et B. Enfin, hors ce que j'ai dit plus haut, rien ne change dans le montage, et comme ce serait la même explication, je ne peux donc point répéter ici ce que j'ai dit précédemment.

PLAN DE TERRE. — *Fig*. D.

Si je ne trace ce plan que sur cette *face* et par moitié, c'est qu'il serait surabondant de le présenter dans ses divers points de vue, attendu que les données seraient à peu près les mêmes, et que, du moment où ce plan sera régulièrement dessiné, on arrivera naturellement à faire les autres faces, sans qu'il soit besoin d'autre chose qu'un peu de bonne volonté. Ce plan, vu à moitié, suffit pour faire comprendre et arrêter les mesures, qui sont le point essentiel de ce genre de dessin. Comme il est du plus grand intérêt de s'habituer à ces mesures et de les prendre soi-même pour s'y familiariser, je ne dois pas toujours les donner, puisqu'il est reconnu que rien n'apprend mieux que ce que l'on cherche à savoir par soi-même.

Pour établir le plan de terre, dont je parle ici, il faut employer les mêmes moyens et projections indiqués dans les divers titres précédents.

Cependant, il faut remarquer que pour la traverse de devant au train, j'ai laissé 9 centimètres de battement du bout de la coquille de la caisse, dedans de la traverse du train.

On voit qu'il y a ici une différence essentielle avec le tilbury, *fig*. A et B., dont la coquille caisse dépasse la traverse. Pourquoi cette différence, demandera-t-on? Je vais l'expliquer. Stanhope dont je m'occupe ici, et dont le montage à 4 ressorts en châssis, faisant plonger la caisse dans son train, a bien plus besoin d'espace pour fonctionner que n'en a besoin la *fig*. A et B, décrit

Fig. E.

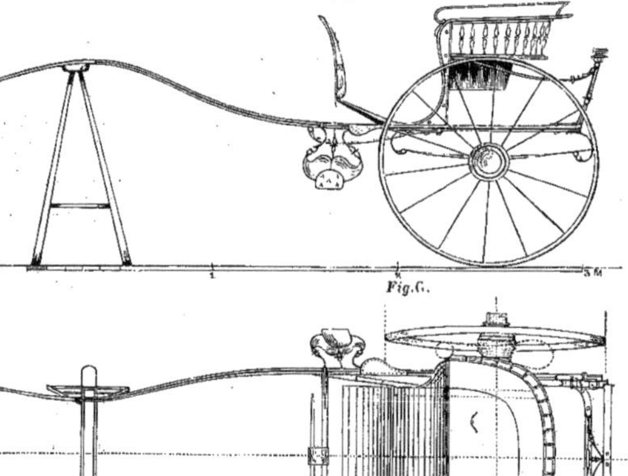

Fig. G.

Fig. F.

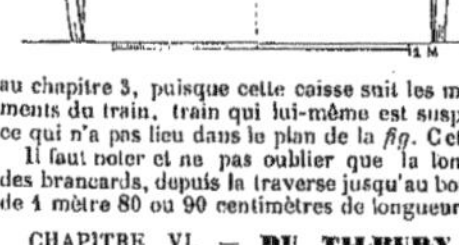

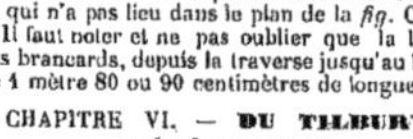

au chapitre 3, puisque cette caisse suit les mouvements du train, train qui lui-même est suspendu, ce qui n'a pas lieu dans le plan de la *fig*. Cet

Il faut noter et ne pas oublier que la longueur des brancards, depuis la traverse jusqu'au bout de 1 mètre 80 ou 90 centimètres de longueur.

CHAPITRE VI. — DU TILBURY TÉLÉGRAPHE.

TILBURY A TÉLÉGRAPHE. — *Fig*. E F G.

La *figure* E représente le plan d'élévation, exact d'un vrai tilbury monté sur T et je dois que c'est par corruption de mot, qu'on appelle aujourd'hui ce véhicule *télégraphe*. Je rends compte du mot, non pas qu'il en soit besoin pour le dessin, mais afin que les jeunes gens, se livrant à cet art, connaissent au moins la source du mot dont se servent.

Ce véhicule, toujours de mode, toujours demandé, mérite quelque attention pour être reproduit; je vais donc indiquer le mieux qu'il me sera possible la manière d'opérer et d'en faire un dessin régulier.

PLAN E.

D'abord il faut tracer le plan de caisse en élévation, et laisser, ainsi que cela est indiqué à la *fig.* D, page 9, 9 cent. de débattement autour de la caisse, sans tenir compte du fauteuil à rotonde, dont l'inclinaison des balustres sert à incliner le T, suivant leur pente, comme on le voit, et comme cela est représenté sur la figure dont je parle.

Ensuite, il faut tracer la largeur du fauteuil, ou ce que l'on nomme vulgairement *assise*, ce qui donne alors la largeur du ressort en travers, lequel est posé sur le T.

Quant aux deux petits ressorts pris sous le fauteuil, ils doivent être d'une longueur proportionnée, de manière à laisser un peu d'œil à la sous-pente qui vient s'attacher au ressort en travers superposé sur le T.

J'arrive maintenant au T.

Ce même T doit être assujetti par un arc boutant, comme on le voit de chaque côté, ainsi que l'indiquent très-clairement les *fig.* E F G.

PLAN G.

Cette figure est un plan de terre. Pour le tracer, il faut opérer par projection.

Ce qu'il ne faut pas oublier dans le dessin, c'est de faire apercevoir que les ressorts du devant de la caisse doivent être un peu longs et indiquer qu'ils viennent s'attacher à des *menottes* ménagées dans la bande des brancards.

Quant au reste, ce sont toujours les mêmes principes que j'ai déjà établis précédemment, sauf l'es-sieu, qui doit trouver sa place juste sous le milieu de l'assise de la caisse.

Si je donne toute la série des tilburys, c'est plutôt comme exemple, comme exercice, pour former la main et familiariser le crayon avec tous les différents modèles d'un même genre de voiture, que comme un exemple posé pour recevoir une démonstration.

La démonstration une fois faite, au premier tilbury, c'est la même partout, sauf que j'ai soin, s'il y a une exception, de la faire connaître et de l'indiquer.

Ainsi, pour la série de voitures de différents genres, que je vais traiter dans cette méthode, j'établirai à la première, de chaque genre, tous les principes et leur démonstration; puis après, j'y renverrai, afin de ne pas avoir de perpétuelles redites.

Figure II.

Figure 1.

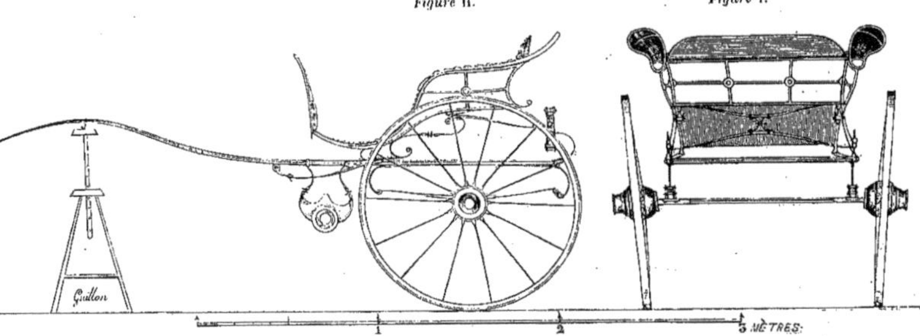

CHAPITRE VII. — DU BOGUET A HUIT RESSORTS.

(*Fig.* II et 1.)

DU BOGUET A HUIT RESSORTS.

Le montage de cette voiture n'est pas ordinaire, et je le fais figurer ici comme complément des voitures à deux roues.

La figure II est représentée avec son plan de miroir.

Le tracé de la figure I s'exécute en dessin comme les plans de terre dont j'ai déjà parlé. A cet effet, il suffit de projeter les lignes qui doivent déterminer les *hauteurs*. Quant aux *largeurs*, elles sont ce qu'on veut avoir de capacité à l'intérieur pour une ou deux personnes dans la caisse.

Relativement au *train*, on le dispose suivant les règles que j'ai établies à plusieurs reprises, et il doit être mis en rapport, quant à sa place, ainsi qu'on le voit sur les différents dessins donnés comme exemple, principalement au cabriolet à 6 ressorts.

Voir la page 13, chapitre X, figure L. M.

Je dois prévenir que ce genre de boguet est une création non passée à l'état pratique; conséquemment, c'est comme exercice que je le donne, et non comme un modèle consacré par l'usage et la mode. Je n'en ferai donc pas une description théorique, et si je donne à cette voiture un rang dans ma méthode, c'est peut-être moins comme une instruction que pour assortir tous les genres de voitures à deux roues.

Fig. J.

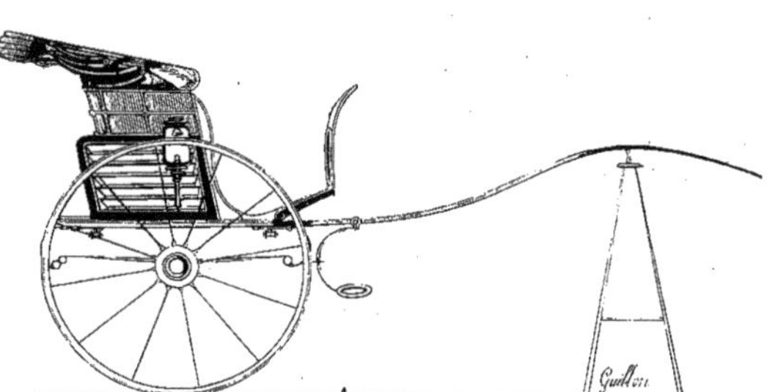

CHAPITRE VIII. — DU STANHOPE A PALMETTES.

STANHOPE A PALMETTES (*Fig.* J)

Il ne diffère de la figure A et B de la page 7, ab- solument que par la caisse dont la rotonde est gar- nie de petites baguettes appelées palmettes; le coffre est aussi à persiennes, tout le tour, c'est-à- dire de trois côtés. Cette manière d'exécuter donne beaucoup d'air à l'intérieur du coffre, ce qui est nécessaire quelques fois pour la conserv[...] provisions, ou pour y enfermer un ou deu[...]

La forme en est heureuse et de style [...] je le donne ici, non comme principe, [...] comme variété de genre.

Fig. K.

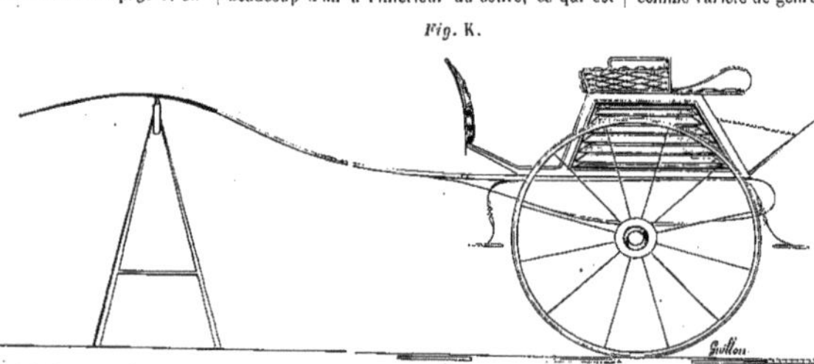

CHAPITRE IX. — DU DOG-CART TANDEM.

DOG-CART TANDEM (*Fig.* K).

En fermant la porte de derrière et en relevant le siége retenu par une chaîne, on a tout simplement un tilbury à deux places, et cela avec la plus grande facilité. La caisse tient au brancard de la même manière qu'à la figure AA, page 8 de la pre- mière partie.

Le ressort dont la maîtresse feuille es[...] gue sur le devant, glisse dans une coulis[...] à la bande de brancards, et le tirage se [...] derrière que devant.

Cette figure complète la série des tilbu[...]

CHAPITRE X.

DU CABRIOLET

A SIX RESSORTS ET A DEUX PLACES. (Fig. L).

—

De son montage, et des dispositions à prendre pour le tracer.

Il faut d'abord calculer, avant de tracer sa caisse, la hauteur du sol à laquelle on veut la mettre ; cette hauteur dépend du goût du jour ou de la mode qui veut qu'on l'établisse ou plus haut ou plus bas. On trace alors le brancard de train, en plan d'élévation comme à la figure L et d'aplomb, depuis la traverse de derrière jusqu'à celle du devant : alors vous dessinez gracieusement votre brancard pour arriver à un mètre seize centimètres de hauteur de terre, à l'endroit du crochet de dossière qui se trouve dessous le brancard à un mètre vingt-deux centimètres d'éloignement de la traverse de devant, traverse qui tient le marche-pied à gueule de loup. Il faut faire attention, et ne pas oublier que les brancards doivent avoir en longueur totale, de

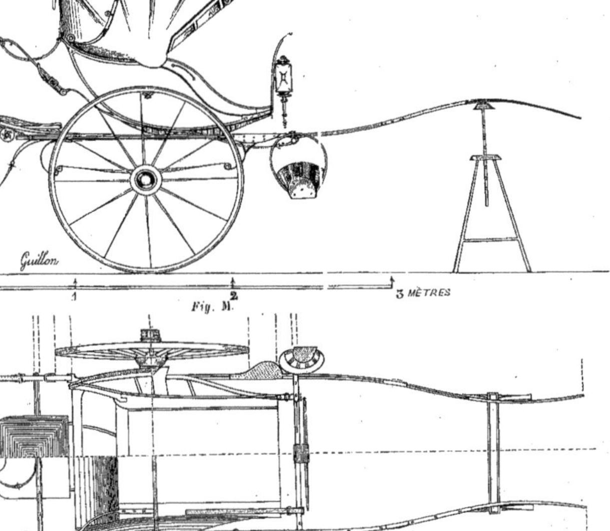

la traverse jusqu'au bout de devant, un mètre quatre-vingt-dix centimètres.

Après cette opération, il faut placer la roue, car c'est elle qui guide pour l'établissement juste des ressorts d'essieu, et pour l'ensemble ce qui assure en même temps une bonne charge à dos de cheval. Ainsi donc, pour placer la roue, il faut, ainsi que cela est dit au titre du tilbury dont nous avons parlé précédemment, prendre le milieu entre la traverse de support de derrière et celle du devant, et reporter l'essieu à vingt-deux centimètres en arrière, ce qui équilibre parfaitement le véhicule. Je ne dois pas oublier de dire que la traverse de support de derrière doit être à l'aplomb du haut de la caisse, car c'est là où elle doit être placée.

Vient ensuite le tracé du ressort d'essieu, il faut figurer autant de feuilles d'acier que se comporte la force que vous voulez donner à ce ressort mais, habituellement ce ressort est de quatre feuilles.

Après avoir tracé ces diverses parties, on dessine le marche-pied qui a la forme d'un œuf. Afin de rendre régulier le marche-pied, il faut se reporter à la figure 49 du préliminaire, où l'on trouvera tous les éléments nécessaires pour diriger et former l'ovale.

Les ressorts de caisse se tracent et se forment comme à la *figure* L.

Les ressorts ancés qui posent sur les brancards se font presque entièrement au compas en *décentralisant* la pointe d'appui, ainsi que cela se voit et sert d'exemple à la *figure* 44 du préliminaire.

Après ces divers détails, il faut passer à la *capotte* et aux *compas*, dont la description du tracé est donnée plus loin.

Pour trouver la place des *mains* attachées aux soupentes, c'est ainsi qu'il faut procéder : on tire une ligne partant de la tête du ressort ancé jusqu'au centre de l'essieu, et c'est sur cette ligne qu'on fixe la tête de la main, et ce, juste où prend l'œil de la soupente.

Vient ensuite le marche-pied de derrière qui se trace ainsi qu'il est dessiné à la *figure* L, en remarquant qu'il est, par ses lignes, disposé de manière à ce que l'œil puisse voir, qu'on monte facilement sur le plancher de laquais. La saillie que l'on aperçoit en arrière du train, fait comprendre que la capote du cabriolet se rabat; il en serait autrement si elle restait immobile, c'est-à-dire que la saillie en arrière du train ne serait pas figurée. Ainsi pour bien dessiner la pose de son plancher, on calcule l'espace que prend le cerceau de derrière en tombant sur le goujon, et on recule la ligne de son plancher de manière à pouvoir être debout en se tenant à la gouttière du cerceau de devant, qui, dans ce cas, fait l'office des poignées de laquais.

PLAN DE TERRE. (*Fig.* M.)

C'est ce plan qui a la propriété de donner toutes les largeurs : à cet effet, il faut procéder par la projection des lignes.

Je ferai observer qu'il faut commencer par la caisse, dont la largeur varie selon les besoins. La caisse de la *figure* dont s'agit est à deux places, et elle doit avoir un mètre vingt centimètres de largeur à l'endroit de la plus grande dimension qui se trouve à l'oreille, c'est-à-dire à l'endroit des faux accotoirs, comme elle n'a que quatre-vingt-un centimètres dans la partie la plus étroite qui se trouve au milieu du brancard de la caisse. Ce brancard s'élargit un peu sur le derrière, et tout exprès pour recevoir le pied Cormier, qui va s'élargissant en montant jusqu'au haut de la caisse qui, alors, a un mètre de large, ainsi qu'on peut s'en assurer sur la *figure* M, par le moyen de l'échelle de proportion.

Après avoir tracé le bas de caisse, régulièrement et parfaitement en rapport avec le haut, on laisse entre le brancard de caisse et celui du train dix centimètres de débattement. J'ai déjà dit plus haut que la traverse de derrière (appelée traverse de support) était posée à l'aplomb du haut de la caisse, et cela alors lui laisse assez de débattement, par la raison que la fuite du contour de caisse se comporte en ce sens; mais il n'en est pas de même pour la traverses de devant, à laquelle il faut dix centimètres de débattement comme celui du débattement du brancard de caisse à celui du train.

En procédant ainsi, on est sûr par son tracé de donner le plan d'un montage bon et régulier.

Ce serait une superfétation de parler ici des brancards, on les trace dans les mêmes proportions et principes que ceux établis dans les *fig*. A et B, où l'on voit aussi que le pallonier par les *lignes* est assujetti avec du cuir qu'on nomme *rond de pallonier*.

Les *ressorts* de *caisse* fixés sur un petit tasseau de bois, étant cintrés, ce qui leur donne une bonne flexibilité, on prend, pour les dessiner, modèle sur la *figure* M.

Les ressorts ancés se tracent géométriquem et si la *figure* M est tracée moitié à vol d'oisea moitié vue de terre, c'est qu'il y a deux figures nies en une, et que ces deux figures sont oblig c'est-à-dire qu'elles ne peuvent pas être sépa l'une de l'autre.

La *voie* de *dedans* en *dedans* des jantes est d mètre trente-deux centimètres dans le modèle; je ferai observer qu'on ne peut en préciser la mes parce qu'elle dépend et ne se détermine que une largeur relative ainsi que le débattement; voici la preuve :

En examinant le *plan* vu de terre, on distir parfaitement que le ressort d'essieu est directer sous le brancard, et que le collet d'essieu jusqu rondelle a juste quatre centimètres; alors on se rendre compte que le *devers* et l'*écuage* roue sont établis suivant les règles posées à gure 1re de ma méthode, où la roue est représe sur toutes ses faces et conséquemment la voie déterminée d'une manière régu'ière. Mais com peut arriver que le haut de la roue se trouve près du renflement de caisse, on serait obligé de laisser la voie plus large; c'est pourquoi j plus haut, que la voie peut, dans certains cas, déterminer que qu'une manière relative, et opération ne se résoudre qu'en faisant cette r roue en plan de miroir aussi bien que la caisse, qui est démontré dans son tracé et ses ligne temps et lieu dans le cours de cette méthode.

Relativement à la *figure* M décrite ici, je ne pas devoir entrer dans les diverses mesures qu'il y a *renflement* de caisse; comme ces r ments dépendent de la manière d'établir et multitude d'incidents, c'est au dessinateur al prendre dans son intelligence les mesures néce res et convenables pour, alors, tracer son dans les divers cas qui peuvent se présenter.

Dans le plan, il ne faut point omettre de dev les *mains* avec *cintre* assez prononcé pour in qu'il faut arriver juste en face de la soupente.

Le plan ainsi fait, on indique, et c'est l' rience qui sert de règle, la place des vis et de lons. Quant au tracé des roues, je n'ai pas li m'en occuper, il se trace par projections c dans les précédents chapitres.

Figure N.

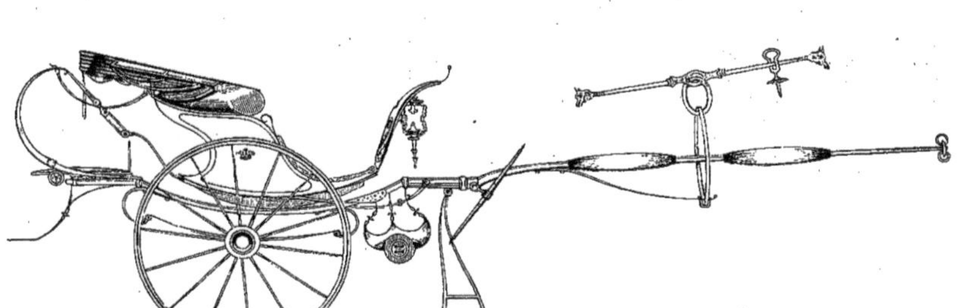

CHAPITRE XI. — **DU CARRICK A POMPE**.
(*Fig*. N.)

DU CARRICK A POMPE.

Après avoir donné généralement tous les diffé- | rents genres de voitures à deux roues, afin de fa- | que le goût et la mode ont consacrés, je finis par
miliariser le dessinateur avec toutes les formes et | un *carrick*.
lignes qui constituent la dissemblance des modèles | Cette marche, que je me suis imposée, est une

régle principe ; je veux dire par là que si je ne présentais qu'un ou deux modèles, il serait impossible au praticien, à celui qui voudrait faire une étude du dessin, d'avoir des idées assez variées pour arriver à un résultat, parce que chaque modèle a des formes et des lignes qui lui sont propres et qui *différencient* son *genre* et son *mode* d'opérer. Un ou deux modèles n'auraient donc pas suffi pour donner l'intelligence et les moyens de suivre et de coordonner des plans d'une autre nature, quoique du même genre ; c'est pourquoi j'ai multiplié mes exemples.

Ce que je me suis imposé dans l'ordre des voitures à deux roues, et que je crois d'une nécessité absolue, est suivi en traitant tous les autres genres de véhicules. Du moment que j'ai annoncé une méthode, ce n'est pas un *nom* que j'ai voulu donner à la *chose* sans en remplir les exigences.

J'arrive au tracé du carrick.

La manière de procéder au plan et dessin de ce petit véhicule est la même généralement que celle décrite pour le cabriolet à *six* ressorts (*fig.* L du dixième chapitre). Je dis généralement, parce qu'il y a quelques différences, et je vais les indiquer.

Pour le tracé de la caisse, on commence par la courbe dont l'exemple est donné, *fig.* 2 du préliminaire, et cela doit être ainsi pour indiquer le brancard de caisse. Je dois faire observer que la partie postérieure de la caisse a une analogie directe avec la *ligne* mixte représentée à la *fig.* 3 du même préliminaire, et c'est cette partie que l'on nomme *pied cormier*. Je cite seulement le *nom*, croyant superflu de m'étendre davantage à cet égard, puisque la description du *pied cormier* est faite au chapitre du *tracé des caisses* (*voir* la table).

Les lignes du devant de la caisse, ainsi que le modèle l'indique, sont serpentées, et, afin de s'en rendre compte et en suivre l'exactitude, il faut envisager leur rapport avec le front de la *fig.* 49 décrite à mon tableau géométrique.

Après le tracé de la caisse, auquel l'intelligence apporte les petits changements que la mode exige, mais qui ne détruisent en aucune manière le principe, on passe au train.

Le *train*, dans la manière de le tracer, s[uit les] mêmes principes et les mêmes règles que ceu[x éta]blis pour le cabriolet à six ressorts, dont j'ai [parlé] plus haut, à cette seule différence que le d[...] dont le dessin représente le limon avec tou[tes ses] mesures et ses agrès, se *compose* d'un petit r[essort] servant à adoucir les cahottements, ce qui [n'était] pas en usage autrefois à ce genre d'attelage.

La pompe indiquée sort de nos attribution[s ; le] dessin en fait connaître assez sa forme régul[ière.]

La *petite chambrière* que l'on remarqu[e est à] charnière : elle se relève et s'attache par un[e cour]roie. J'ajouterai que cette petite chambriè[re peut] s'enlever à volonté, si on le juge à propos.

Je ferai remarquer que le *limon* peut se r[empla]cer par *deux* brancards disposés en limoniè[res ; mais] qu'il plaît de ne rouler qu'avec un cheval ; [et,] comme je dois tout dire, le type de cet équip[age est] d'y voir atteler deux beaux chevaux ; c[e qui] donne une physionomie aristocratique et un [air] prestigieux.

FIN DE LA PREMIÈRE PARTIE.

2ᵐᵉ PARTIE. — PHAÉTON-TYPE.

CHAPITRE XII.

Fig. L.

PHAÉTON A SIÉGES MOBILES.

Ce phaéton a deux siéges uniformes, les assises sont de même calibre, afin d'aller devant comme derrière, et *vice versâ*. La *Fig.* L représente le siége principal sur le derrière, et le siége du domestique sur le devant. Il faut pour tracer (en exécution) ce phaéton, 1° donner en plan d'élévation les mesures que la figure indique sur l'échelle ; 2°

Fig. L.

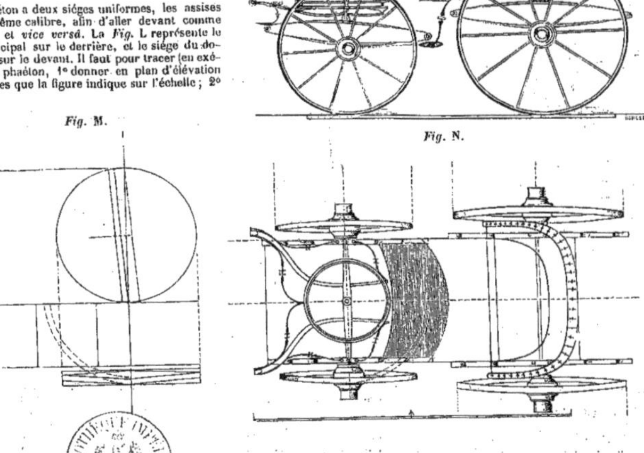

Fig. M.

Fig. N.

ce but, il faut prolonger la moitié de sa caisse en plan de terre, faire sa roue de devant en plan de miroir, calculer sur la largeur du coffre, ce qu'on peut donner de voie, et par conséquent la largeur que l'on doit avoir au sommet de la roue, laquelle se trace en plan de terre, comme à la *Fig.* N. Alors, et c'est là le point le plus important, ce sera l'arc de cercle, décrit *Fig.* M, qui déterminera la largeur et la place du passage, ayant égard à la position de la roue et à son avant-train sous la caisse ; cette opération faite, on place la roue de derrière, de manière à ne point gêner l'ouverture de la porte, mais aussi près que possible, afin de n'avoir pas trop de longueur ; ce qui serait disgracieux.

On voit à la *Fig.* N, que la voie de derrière est plus large que celle de devant : cela tient à ce que, s'il n'en était pas ainsi, le plancher de rotonde viendrait toucher la roue, et que dans cette condition de largeur le placement des ressorts et des marche-pieds se placent plus facilement, et qu'ensuite il y a un avantage

descendre les lignes projetées pour le plan de terre, suivant les figures L et N, sans tenir compte du passage de roue, car c'est la *Fig.* M qui en donnera la place, aussi bien que le contour. Pour arriver à sensible pour le roulage.

PHAÉTON TYPE.

Fig. O.

Ce plan figuré est identique avec les figures, sauf la différence que le fauteuil à rotonde et à capote est placé devant. La disposition se fait de la manière suivante :

On assujettit les fauteuils avec quatre vis romaines pour chacun, et les écroux incrustés de ces vis romaines, doivent être disposés avec assez de précision, pour que les trous des banquettes, qui sont aussi percés avec uniformité, puissent parfaitement se rencontrer à l'un comme à l'autre fauteuil. Si j'ai dessiné ce plan en demi perspective, c'est dans le but d'exercer l'élève au dessin de goût et d'art. Je dois faire observer, que généralement on aime dans la classe ouvrière, les dessins géométra[...] tracés; et l'on a tellement raison, qu'à chaq[...] cription méthodique, je m'empresserai de m[...] former : aussi, dans la représentation de la [...] si je m'éloigne de ce que je viens d'avance[...] que cette figure n'a sa place ici que pour ex[...] satisfaire le coup d'œil, en montrant l'eff[...]

Fig. O.

Fig. P.

beau phaéton venant de face, type véritable de la jeune et haute fashion.

Je dois dire qu'il se fait des changements fort peu importants dans la combinaison des siéges à capotes, mais comme je dois tenir compte de tout, je dois indiquer ceux qui s'y pratiquent : assez habituellement, lorsqu'on fait un phaéton à siéges immobiles, on y ajuste alors sur le siége principal (dit rotonde) une capote postiche, c'est-à-dire une capote montée sur une ceinture en fer, attachée avec des vis romaines, et pouvant s'enlever à volonté; mais lorsqu'on fait les siéges changeants, comme au modèle ci-joint, on se dispense quelquefois de faire une ceinture, attendu que le siége de devant se mettant derrière, il y a moins de gêne qu'avec le mode contraire. Quant au montage, il est décrit dans les figures L, M, N; dans [...] briolets. Je parlerai des chevilles ouvrièr[...] cées pour raccourcir les avant-trains. Mais [...] phaétons, comme les moyens de raccourci[...] pas dans les avant-trains, mais bien dans [...] positions des caisses, je m'en tiens à la dé[...] lion des figures L, M, N.

CHAPITRE XIII.

DES PHAÉTONS DOG-CARTS.

Fig. Q.

C'est le même montage qu'au phaéton ; ce sont les mêmes principes, les mêmes largeurs à quelques centimètres près. La différence n'existe que dans les dispositions de la caisse, dont le corps de coffre à passage carré porte 80 centimètres de largeur en dessous, et 82 en dessus, où reposent les siéges. Mais je ferai observer que les mesures ne sont que conditionnelles, et qu'elles varient suivant le goût et les besoins.

Les *ressorts* s'établissent suivant la *voie* que l'on veut observer, et le passage des roues s'opère et se traite, ainsi qu'il est expliqué aux figures L, M, N du XII° chapitre *de ma méthode* : relativement aux dispositions de la caisse, on doit faire excéder de 7 centimètres, de chaque côté, le siége de devant, qui peut également se placer derrière, et ce, dans la même situation où il se trouve devant. Cependant, je ferai remarquer qu'il faut des supports en fer avec des boulons ajustés tout exprès, et alors on roule non pas comme on le voit à la *Fig.* Q, *dos à dos*, mais bien comme à la *Fig.* R, c'est-à-dire *devant à dos*. Si l'on veut ôter la boîte à fusil, qui est indiquée entre les deux siéges, cela a l'avantage de pouvoir y placer une personne, et même deux, mais gênées.

Le siége qu'on remarque derrière est plus étroit que celui de devant, et n'en diffère que parce

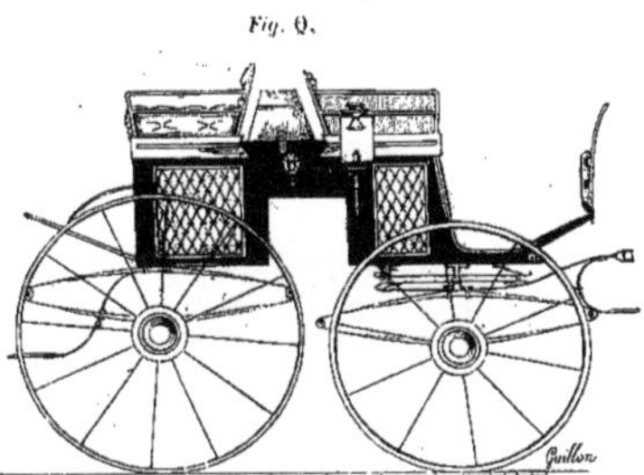

Fig. Q.

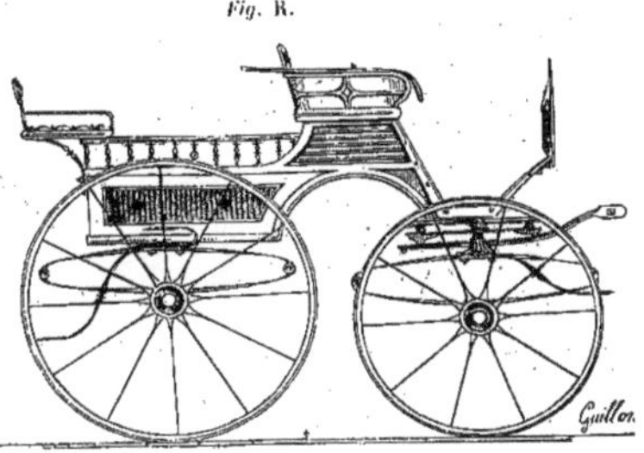

Fig. R.

qu'il est à jour. On met à la caisse, ou des grilles ou des jalousies, ou de l'osier dit bois sculpté. Quant à la porte de derrière, elle est retenue par un arc de cercle ou une petite chaîne, et je dois dire que le genre de ce dog-cart est pour rouler dos à dos.

PHAÉTON DE FANTAISIE.

Fig. R.

Le corps de caisse est droit en tout sens, c'est-à-dire qu'il n'évase pas — il est découpé par de l'osier, des jalousies, des baguettes et des balustres. Le passage est gracieux et sans prétention, aussi est-il plus grand qu'il n'est nécessaire ; mais cela sied très-bien à ce genre, qui est très-facile à exécuter. Je m'abstiens donc d'en indiquer les moyens, parce que le dessinateur, qui est arrivé, dans l'exécution, jusqu'à cette figure, a acquis suffisamment de connaissances pour faire ce plan, qui rentre dans les principes ordinaires, tant de fois expliqués jusqu'ici.

Le fauteuil de devant portant des ailes, est de 6 centimètres de chaque côté plus large que le corps de caisse. Le fauteuil de derrière, appelé *tandem*, n'est que de la même largeur.

Je ne dois pas oublier de dire que l'on peut, au besoin, tenir *sept* dedans, en se plaçant de côté, comme dans un omnibus.

CHAPITRE XIV.

PETIT·DOG-CART·BRAECK.

Fig. S.

Toujours le même système de caisse et de montage; mais la forme et les lignes de ce petit véhicule étant analogues aux figures géométriques de 3-37 et 45 de mon préliminaire, le font, pour ainsi dire, figurer dans la famille des braecks. En effet, ôtez-lui le tandem de derrière et la boîte à fusil, mettez-y un couvercle bien ajusté, et vous aurez un braeck léger, avec siége très-élevé. En raison du coussin de maître, le coffre de devant est assez vaste pour y mettre les chiens. Ce genre, soit par sa commodité, soit par sa physionomie générale, plaît beaucoup. Pour l'exécution du tracé de cette voiture, ce sont toujours les mêmes principes qu'aux phaétons; cependant, les *pommelles* de la volée peuvent faire obstacle et alors exception, car si l'é-

Fig. S.

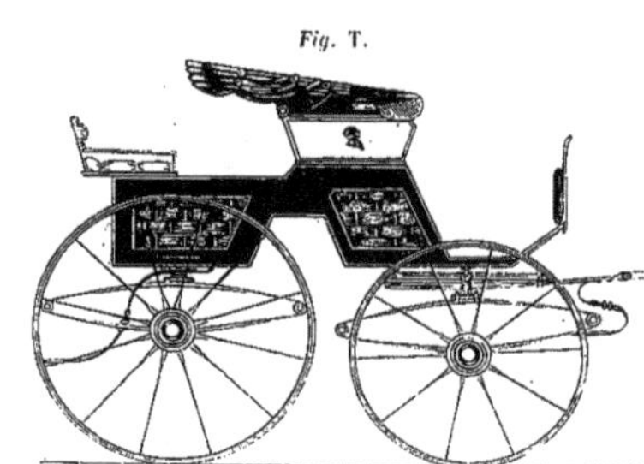

Fig. T.

pure n'a pas été faite, il arriverait souvent que les pommelles gêneraient en touchant au *lisoir*. Comme cette *épure* sera faite au chapitre des calèches à flèches et à cols de cygne en fer, on s'y reportera au besoin, et par cela même j'évite un double emploi.

DOG-CART SIMPLE.

Fig. T.

Corps de caisse uniforme sur tout sens — osier véritable — coffre pouvant contenir des chiens devant et derrière — siége de devant fixe — capote fixe également — siége de derrière tournant, pour aller dos à dos — porte de derrière se rabattant, alors qu'on roule dos à dos,

Pour le dessiner, il faut que toutes les lignes soient droites, et observer, dans le plan de terre et de miroir, que le fauteuil ne suit pas plus large que le corps de caisse qui a 95 centimètres de largeur, en bas comme en haut.

Ce modèle termine la série des phaétons.

CHAPITRE XV.
CABRIOLET MILORD.
Fig. U.

La caisse a sa partie supérieure clissée en canne, et la partie inférieure à jour, comme la figure l'indique ; le marchepied est d'une seule branche arrondie au compas et enlevée de forge avec sa palette. Les éventails de capote sont assez élevés, et les grands goujons placés assez bas pour que la capote rabattée à plat, comme on la voit figure U. Plan d'élévation. Le fauteuil de siége n'est pas garni en plein, mais il a un grand coussin et un autre plus petit superposé dessus pour servir à élever celui qui conduit la voiture. L'avant-train a ses armons en fer, et n'a de bois que la sellotte et le lisoir, qui sont cintrés en avant pour recevoir la cheville ouvrière, ce qui fait que le pivot d'avant-train étant avancé, les roues peuvent se placer autant en arrière, qu'il y a d'excédant en avant : alors, à quelques millimètres près, les roues de devant se trouvant, par ce moyen, plus rapprochées de celles de derrière, il en résulte que le train est plus court que celui dont les bois seraient droits. Mais comme plus les roues sont éloignées les unes des autres, plus le tirage est fort, on cherche toujours, pour obvier à cet inconvénient, à exécuter court.

L'arrière-train est monté sur cinq ressorts dont un en travers. C'est la largeur du brancard de caisse, qui donne non-seulement la longueur des ressorts en travers, mais encore la mesure et la distance à observer entre les patins d'essieu.

Fig. V.

PLAN VU DE TERRE ET A VOL D'OISEAU, C'EST-A-DIRE MOITIÉ VU DESSOUS ET MOITIÉ VU DESSUS.

Après avoir dessiné le cabriolet en plan d'éléva-tion, par les mêmes moyens enseignés dans les cha-

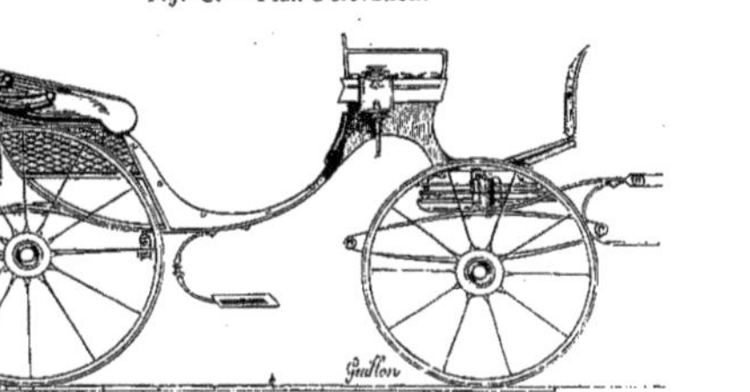

Fig. U. — Plan d'élévation.

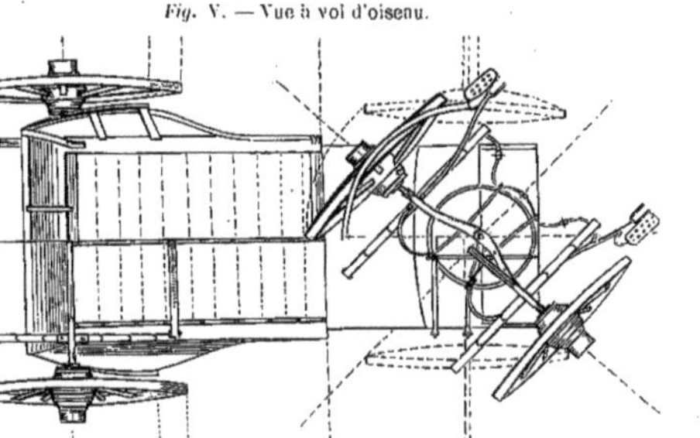

Fig. V. — Vue à vol d'oiseau.

Vue de terre.

pitres précédents, on place la roue de devant d'après la même opération indiquée à la figure M du chapitre 12 de la 2e partie, et après avoir fait cette épure simple, vous reculez votre essieu de ce que vous voulez raccourcir, soit 6 ou 7 centimètres, et même plus au besoin : alors vous cintrez vos bois pour que les bouts viennent perpendiculairement sur vos rondelles d'essieu, et ce pivot, que vous avez avancé oblige vos roues à tourner, sous votre passage, aussi facilement que si vous les aviez mises à l'alignement de votre cheville ouvrière, ce qui les aurait alors reportées de presque tout votre centre en avant.

Ce déplacement de centre porté en avant d'un train, ne raccourcit pas de tout ce qu'il est avancé, mais il s'en faut de si peu que je dois négliger d'en indiquer la mesure : car une cheville avancée de 10 centimètres permet de placer ses roues à 9 centimètres en arrière, lorsqu'il s'agit d'un passage supérieur, c'est-à-dire qu'il se fait un centimètre de déperdition à l'élipse que décrit le haut de la roue. Je ferai observer qu'il ne faut pas confondre le passage inférieur d'un petit coupé, avec le passage supérieur, car la différence est grande. Le passage inférieur sera expliqué en son temps, lorsque je serai arrivé au montage des coupés. D'ailleurs, ce sera toujours en dessinant les figures que je donnerai pour modèles, qu'on se rendra un juste compte des épures.

Cela fait, on projette ses lignes, comme toujours, et après avoir donné ses largeurs de caisse avec son renflement, on laisse à la junte supérieure de la roue de derrière 15 cent. de distance jusqu'au renflement de caisse, pour le débattement ; quant au devant, il faut dessiner son avant-train en plan de terre tout naturellement, mais seulement le pointiller comme on le voit à la figure V, et ensuite tirer une ligne obliquetée (voir la figure B du préliminaire), dans le sens du plus ou du moins que vous voulez braquer ; alors cette ligne remplace la première, qui partage le train vu dessus et dessous, et vous dessinez de gouverne sur cette ligne votre avant, comme vous l'avez fait la première fois en pointillé, alors votre figure est représentée l'avant-train braqué, ce qui indique la connaissance parfaite de son sujet.

Fig. Y.

Fig. X.

CHAPITRE XVI.
CABRIOLET ANGLAIS
Fig. X.

Pour dessiner ce véhicule, il faut dessiner par lignes courbes et mixtes et adoucir ses contours autant que possible; je me garderai bien d'indiquer les épures nécessaires à la construction; elles sont trop excentriques pour la leçon actuelle; et si je donne ce modèle ici, ce n'est, comme je l'ai déjà dit, que pour mettre en regard les dessins d'un même ordre, et qui doivent compléter la série de la troisième partie de cet ouvrage; en conséquence, je me bornerai à expliquer que ce cabriolet, fort gracieux du reste, est monté sur l'avant-train à coulisse éleptique figure Y, et dont les roues ne tournent point sur place. C'est-à-dire qu'elles ne décrivent qu'un cinquième arc de cercle au passage supérieur et un septième au passage inférieur (Voir les figures 45 et 46 du préliminaire).

Cette voiture était à l'exposition anglaise, en 1851.

Fig. ZZ.

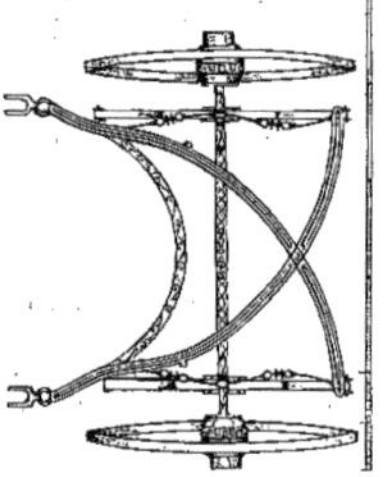

AVANT-TRAIN (*Fig. ZZ*).
A Ferrure en fer attachée au garde-crotte.
B Armons en fer formant le dessous d'avant-train.
C Ferrures du dessus d'avant-train, tenant à la cheville ouvrière de devant et de derrière.

Fig. Z.

CABRIOLET SYSTÈME DOS A DOS.

Fig. Z.

Encore une production anglaise; c'est un cabriolet pour parc, et le siége retourné que l'on voit derrière s'enlève à volonté; il n'est encore donné ici que comme assortiment, et l'avant-train figure ZZ, qui, placé sous ce cabriolet, est encore une excentricité qu'on ne comprendra bien que quand on sera plus avancé dans l'art de l'architecte en voitures, car alors on pourra s'exercer à faire sous ces figures des plans de terre et de miroir.

APITRE XVII.

RIOLET dit
ICTORIA.

Fig. AA.

e française. — Les
ux de brisements
s ainsi parce qu'ils
ent quelquefois sur
des roues) sont
et garnis d'ailes,
les garantir de la
, et ces mêmes ailes
t en même temps à
ttir les marche-pieds
, aux autres ailes du
t, ailes qui suppor-
n siège mobile, lequel
enlevé, laisse voir
e devant de ce ca-
dégarni, et pouvant
ou à la Daumont.
onduit de son inté-
; mais, pour cela, on
sur ces ailes à
garde-crotte, une ga-
postiche servant à
nir les guides.
st à ressorts, à pin-
devant et derrière
ó sur des mains à
s arrondies, qui re-
t sur les lisoirs et
les aux lieu et place
eposent le coffre du
olet milord, figure U,
quinzième chapitre
ième partie; les cros-
de derrière reposent
ne traverse en bois,
traverse anglaise.
le dessiner il faut
comme aux précé-
s, poser sa caisse à
certaine hauteur du
t considérer les mains
er comme si c'était un
e à passage à l'en-
t du dessous.

Fig. AA.

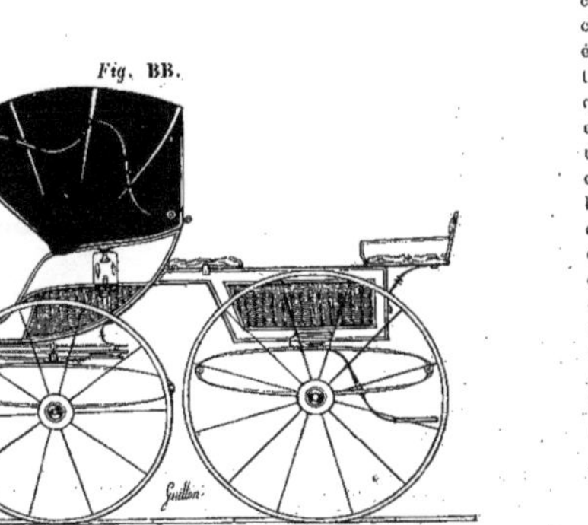

Fig. BB.

CADRIOLET DOG-CART.

Fig. BB.

Type parisien, ayant un
mètre 10 cent. de largeur
intérieur sur l'assise; le
coffre placé à l'arrière n'a
que 90 centimètres de
largeur à l'extérieur, et
son passage est combiné
pour que les roues de
devant passent parfaite-
ment dessous; on peut se
loger quatre sur ledit coffre, mais, lorsque la capote
est rabattue, on est obligé
de supprimer deux pla-
ces; quant à l'exécution
du train et à la manière
de le poser sous la caisse,
c'est toujours la même
chose pour ce qui est des
épures; mais à l'avant-
train, je ferai remarquer
qu'il n'y a qu'une sellette
et pas de lisoir, mais bien
un rond, plaqué sous la
caisse. Cette disposition a
lieu en raison du manque
d'espace entre les ressorts
et le dessous de caisse, et
on trouvera dans le cours
de cet ouvrage des avant-
trains identiques adhé-
rants à d'autres voitures
et dont l'application sera
facile à faire au modèle
dont je parle ici.

CHAPITRE XVIII.
CABRIOLET VICTORIA.

Fig. CC.

Il est pour ainsi dire le même que celui de
la figure AA, du chapitre 17, troisième
partie de cet ouvrage; avec cette différence, qu'étant apparu deux ans plus tard,
il se trouve modifié, quant au genre; mais
pour l'exécution, c'est la même chose.

Il diffère en ce que son siége de devant
est très-bas, que la cuisse est cannée et à jour,
quant aux mains qui n'ont point été dessinées en plan de terre, ni dans la figure AA
du chapitre 17, 3e partie, ni dans cette
figure; elles sont dessinées sous une calèche à montage pareil; on peut alors s'y
renseigner, en regardant plus loin, au
chapitre des calèches.

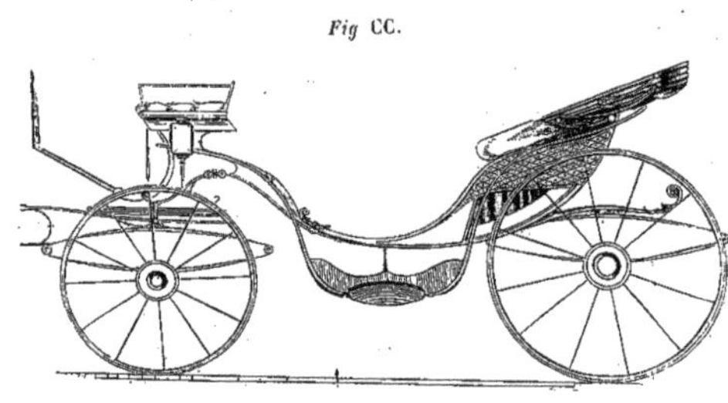

Fig CC.

CABRIOLET

A DOUBLE SUSPENSION.

Fig. DD.

Ce cabriolet à flèche à ressorts et à la
Daümont, avec ailes et garde-crotte, est
riche et de construction trop élevée pour
faire la description du montage à cette leçon, qui n'est pas encore assez avancée pour
traiter de ce genre de montage; mais,
comme dans le cours de cette méthode, une
calèche à flèche et à col de cygne est exé-
cutée avec plan de terre, et que les moyens
à employer sont les mêmes, il n'y a qu'à
s'y reporter, et on trouvera les moyens
de dessiner convenablement ce genre de
cabriolet fort beau, très-riche et grandiose;
c'est, du reste, un genre qui convient parfai-
ement à l'Espagne.

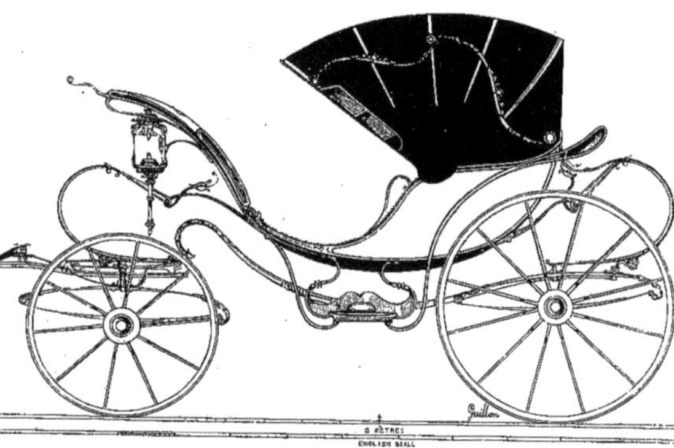

Fig. DD.

CHAPITRE XIX.

AMÉRICAINE

FORME WOURTZ.

Fig. EE.

...t, pour tracer ce gen... ...caisse, posséder par... ...nt l'idée de son en... ...et bien connaître les ...tés de sa structure; car ...t le remarquer sur la ...FF en plan de terre, les ...rds se trouvent avoir ...ntrée à la place même ...brancards de calèche, ...ine ou de coupé, ont ...flement. En réfléchis... ...sion, on comprendra ...de toutes les caisses ...tz, il doit en être ainsi ...suivre les renflements ...ntés que comporte cet... ...ne. La cave ou jonc de ...que l'on peut remar... ...la partie noire de la ...EE, doit se prolonger ...oit jusque sous le siége, ...e sert à faire un tout ...coffre. En examinant ...a figure FF, en plan de ...on verra que les pro... ...ns ponctuées donnent ...la mesure pour creuser ...sse à son passage infé-

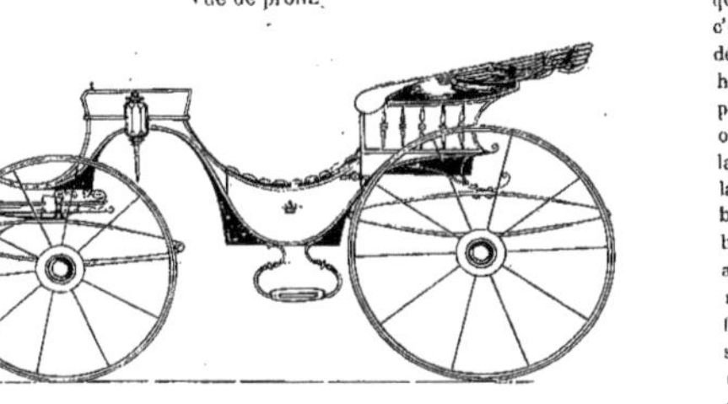

Fig. EE.

Vue de profil.

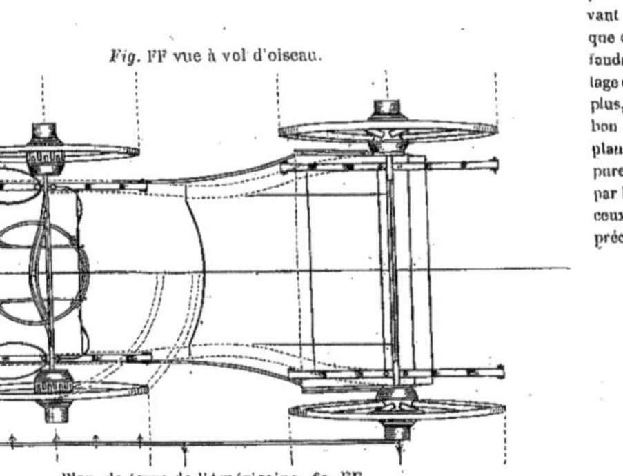

Fig. FF vue à vol d'oiseau.

Plan de terre de l'Américaine, *fig.* EE.

rieur, ou autrement dit, le passage que la roue décrit à la hauteur de son moyeu : quant au passage supérieur, c'est-à-dire celui que la roue décrit à son extrémité du haut, généralement on est fort peu gêné; mais quand on l'est, on creuse un faux fond pour laisser assez de jeu, selon que la caisse est plus ou moins bien suspendue. On voit très-bien que la cheville ouvrière avancée et le peu d'écarte-ment de la voie du devant facilitent les roues à tourner sous la caisse : il n'en serait pas ainsi, si le train de de-vant était de la même largeur que celui de derrière, car il faudrait alors allonger davan-tage et cintrer aussi beaucoup plus, ce qui n'est pas d'un bon effet. Pour tracer le plan de terre et faire l'é-pure du devant, c'est encore par les mêmes principes que ceux déjà enseignés dans les précédents chapitres.

CHAPITRE XX.

AMÉRICAINE

LÉGÈRE.

Fig. GG.

Elle est à longs ressorts derrière et à pincettes devant ; l'avant-train ciselé est tout en fer, excepté la sellette et le lisoir. La caisse n'est qu'à deux banquettes, dont une à capote, pouvant se mettre devant comme derrière ; et, pour cela, on adapte les banquettes avec des vis romaines, dont les écrous, desdites vis romaines, sont répartis de manière à ce que chaque banquette retrouve juste sa place respective, après le changement opéré. Il faut aussi faire attention, lorsqu'on exécute la caisse, de faire creuser un passage de roues qui, du reste, ne paraît pas en profil, mais qui facilite beaucoup le placement de la cheville ouvrière.

AMÉRICAINE LÉGÈRE. — *Fig.* GG.

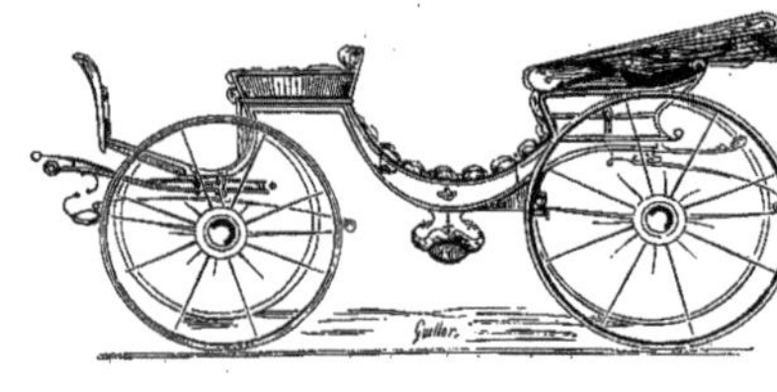

AMÉRICAINE RICHE. — *Fig.* HH.

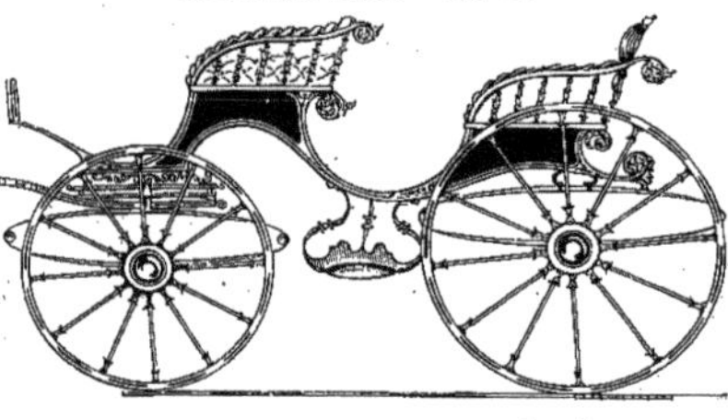

Fig. HH.

Encore une Américaine à quatre places, mais cependant assez large pour en contenir trois sur chaque assise, ce qui lui donne alors une capacité de six places au besoin.

Ses banquettes ou assises sont à rotonde, elles ont, sur leur devant, un mètre trente centimètres de largeur, et le coffre, n'ayant qu'un mètre vingt centimètres de largeur, laisse alors déborder les banquettes de cinq centimètres de chaque côté. Ces mêmes banquettes sont à balustres et ornementées comme le corps de caisse, et le train même ainsi que le représente ladite figure HH. Ce genre d'Américaine ne se fabrique guère que pour les pays méridionaux. Pour compléter ce genre de véhicule, on y adapte intérieurement, entre les deux banquettes, un grand parapluie.

APITRE XXI.

ÉRICAINE

ESCARGOTE.

Fig. II.

gote, est-ce français ?
sais rien. Mais peu
ce mot doit traduire
e, qui s'arrête à la
ne forme d'escargot
naçon, et la figure II,
contours quasi-volu-
ble justifier son bap-

i pas figuré de plan
e pour cette figure,
lacement de l'avant-
est pas plus difficile
ui de la figure EE,
pitre XIX de la 4e

le plan d'élévation
s sans quelques diffi-
aussi vais-je indiquer
s principes pour le
r. Il n'y a point, dans
éliminaire, de figures
es, auxquelles je
s renvoyer : aussi je
ire observer qu'il ne
dans ce plan, que des
ourbes et mixtes, qu'il
ssembler intelligem-
t prendre soin de cali-
petit coffre de der-
qui doit venir se lo-
ns la cave qu'on voit
ment figurée. Alors
coffre disparaît dans
se postérieure, après
is avoir enlevé les fer-
t le dossier qui gêne-
à l'entrée du siége.

AMÉRICAINE ESCARGOTE. — *Fig.* II.

AMÉRICAINE ÉLANCÉE. — *Fig.* JJ.

AMÉRICAINE

ÉLANCÉE.

Figure JJ.

Ce modèle, quoiqu'il se
soit exécuté déjà plusieurs
fois, n'est pas moins un peu
hors d'habitude ordinaire; sa
légèreté est incontestable; sa
forme, également très-élancée
ou très svelte, lui donne un
air mesquin. Aussi, je me
bornerai à une description
autant abrégée que possible,
d'autant plus que le corps de
caisse est tout droit et n'a pas
alors de renflement. Ce corps
de caisse se compose tout
simplement de deux planches
de noyer découpées (*Voyez la
fig.* JJ), qui forment les parties latérales, foncées par un
panneau derrière et terminées par une coquille de-
vant les deux siéges : ces deux
siéges sont changeants et dé-
bordent de chaque côté de
huit centimètres. Quant au
montage, il est comme la figure JJ le représente, c'est-
à-dire à cinq ressorts derrière
et deux ressorts à pincettes
devant.

CHAPITRE XXII.

AMÉRICAINE

VOYAGEUSE.

Figure KK.

Petite voiture propice au commis - voyageur avec échantillons, et pouvant rouler avec cocher et sans cocher ; c'est-à-dire qu'avec des guides un peu longues on peut conduire de l'intérieur. Quant aux coffres apparents, ils servent naturellement pour serrer les échantillons ou marchandises propres à être logées dans ce véhicule.

On remarquera sans doute que les roues de devant sont très-éloignées du passage ; cela s'explique par les dispositions de la caisse : mais, il n'en résulte pas moins une difficulté, qu'on aplanit, en faisant un essieu très-long et par conséquent une voie très-large ; en un mot, une voie assez large pour que la roue fonctionne sous son passage, tout en éludant le petit marche-pied, qu'on fait alors assez ressortir en dehors, pour livrer passage à ladite roue.

Quant à la mécanique, elle ne peut être expliquée que par des figures *ad hoc.*

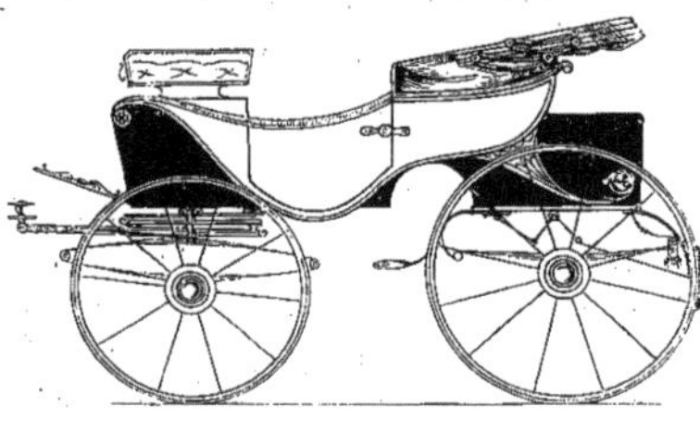

AMÉRICAINE VOYAGEUSE. — *Fig.* KK.

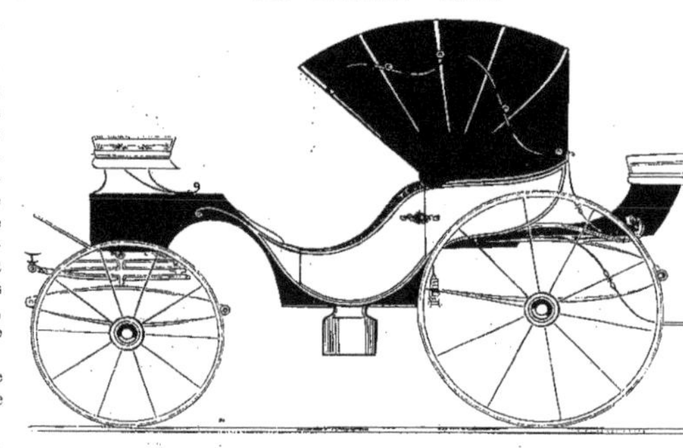

WOURTZ AMÉRICAIN. — *Fig.* LL.

CHAPITRE XXIII.

WOURTZ

AMÉRICAIN.

Figure LL.

Ce petit Wourtz termine série des Américaines, la caisse se trace par les mêmes procédés que l'Américaine figure EE, du chatre XIX, de la 4ᵉ partie ; ce qui diffère n'est que la diposition avec laquelle on adapte les coffres ou jon de fond, qui les représente

On voit que le passage roue est assez large po placer l'avant-train, sans êt gêné. Une plus longue exp cation me paraissant supe flue, je termine ici la sé des Américaines, formant 4ᵉ partie.

…APITRE XXIV.

CALÈCHE

PINCETTES.

Fig. MM.

…rme de caisse de cette
…st aujourd'hui ce qu'il
…plus à la mode; le
…açon de coffre Bracek,
…mise fort bien avec sa
…, à laquelle il faut
…un espace sur le de-
…l au milieu du fond
…ciliter la roue à tour-
…r place lorsqu'elle a
…é le brancard de
…le plan de terre, en
…nt les lignes de pas-
…onne juste la distance
…t observer, et comme
…k fond est exaucé, la
…se de devant se trouve
…lement plus haute que
…e derrière, ce qui ne
…que très-peu les per-
…assises à l'intérieur, vu
…eur de l'avance qu'on
…de faire quelques cen-
…es de plus haut que
…ude.

…lan de terre ad hoc à
…re MM, démontre par-
…ent les manières de
…r cette calèche dont l'a-
…rain a les armons en
…errés et les ressorts à

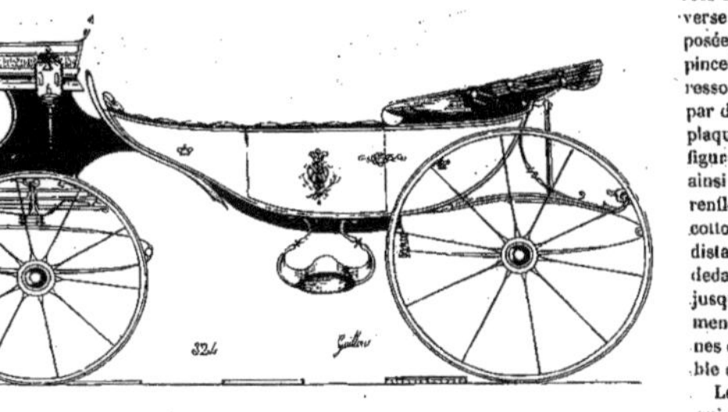

Fig. MM.

pincettes, à charnières et à 4
feuilles; l'arrière-train, composé de ferrures de parade
sur crosses à moutonnets, ferrées et montées sur une traverse anglaise découpée et
posée sur demi-ressorts à
pincettes à charnières et à
ressort de travers attaché
par des menotes brisées avec
plaques jumelles; les roues
figurées, vues à vol d'oiseau,
ainsi que la caisse et son
renflement, avec faux ac-
cottoirs, laissent voir une
distance assez grande du
dedans de jante, supérieure
jusqu'au panneau de brisement, pour démontrer de bonnes conditions dans l'ensemble de l'exécdion.

Les longueurs et largeurs
qui peuvent se connaître par
l'échelle de proportion sont
de mesure ordinaire, qu'on
exécute quelquefois plus petites et plus grandes, et cela ne
doit pas gêner le dessinateur,
puisqu'il doit combiner son
plan de terre et d'élévation
suivant les mesures adoptées;
la forme de cette calèche est
très-recherchée, soit pour un
ou pour deux chevaux.

CHAPITRE XXV.

CALÈCHE

A PINCETTES

ET A BAS DE BERLINE.

Fig. NN.

Pour tracer ce modèle, il faut se reporter aux *figures* 2 et 48 de mon préliminaire, ce qui constitue pour cette caisse un composé de lignes éliptiques et courbes assemblées avec goût et intelligence.

Je ne décrirai son montage et ses épures qu'en abrégé, car il doit être compris que la manière de monter une calèche est presque la même que pour un phaéton, et comme j'ai déja démontré le montage des cabriolets et Wourtz, dans des études plus compliquées, je dois alors m'abstenir de redire la même chose.

Je ferai observer, par exemple, que cette petite calèche est, dans tout son ensemble et son détail, beaucoup plus légère que la précédente, quoiqu'elle ne soit pas découpée sur le devant, et cela tient sans doute à son engencement, qui diffère tant dans son coffre que dans son train et ses ressorts à demi - pincettes et à crosses développées. En résumé, ce genre de voiture à siége étroit et accompagné de grandes ailes de chaque côté, plaît généralement.

Fig. NN.

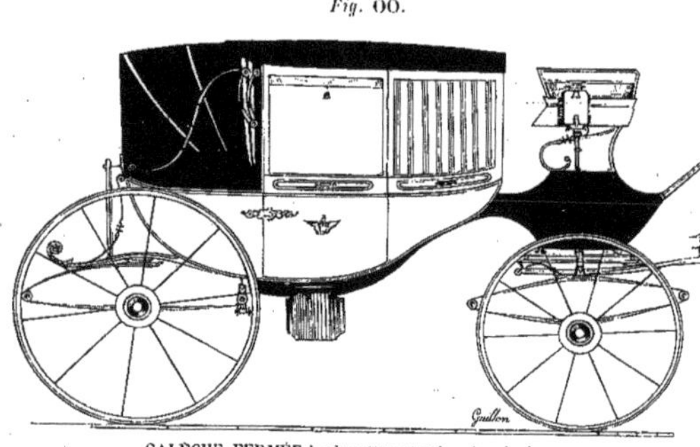

CALÈCHE A PINCETTES et à bas de berline.

Fig. OO.

CALÈCHE FERMÉE à pincettes et caisse à cols de cygne.

CALÈCHE FERMÉ[E]

Figure OO.

Montée sur ressorts et de ressorts à pincettes à ch[ar]nières et à ressort de trav[ers] à menottes brisées supp[or]tant avec la caisse un boucl[e] des marche-pieds méca[ni]ques, un siége sur ferr[ures] superposé sur un coffre [en]gagé portant coquille s[ur] garde-crotte.

Pour tracer ce plan, [soit] en élévation avec ou s[ans] plan de terre, il faut conna[ître] la largeur de caisse, cell[e de] son coffre et la hauteur qu'[elle] doit avoir de la terre au br[an]card à son endroit le [plus] rapproché de terre ; a[fin que] les lignes de portes é[tant] bien perpendiculaires, v[ous] tracez vos roues de dev[ant] à 16 centimètres plus [bas]ses que l'extrémité du [pas]sage à son entrée et à [la] sortie, et, pour conna[ître] l'entrée et la sortie, il [faut] nécessairement faire l'ép[ure] d'avant-train.

APITRE XXVI.

CALÈCHE

DE FANTAISIE.

Fig. PP.

re de caisse à part,
gracieux, élégant et
de quelques soulp-
; 4 personnes y sont
e et peuvent y allon-
s jambes autant qu'il
écessaire pour être
assis ; des ailes, cha-
côté, supportent les
rues et garantissent
itement les person-
ssises sur le devant,
nt lorsqu'on roule a
uvert. De jolis fer-
s d'accotoir, garnies
embourure, servent
pui aux personnes et
noments à la voiture ;
ége du cocher est sur
ares appelées support
rec et attenant à une
e armature garnie de
piqué aboutissant à
coquille sculptée. L'a-
t-train, les ressorts et
che-pieds sont élé-
ts, quoique de façon or-
aire, mais le tout en-
ble constitue une jolie
eche à 5 places, telle
le dessin la représente,
pour en bien exécuter
essin il faut examiner
figures 48 et 49 de
u préliminaire ; on aura
rs une idée première
lignes éliptiques utiles
exécution dudit dessin.

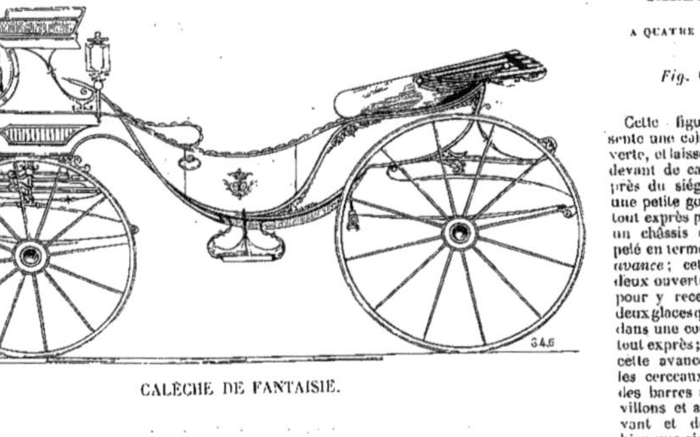

Fig. PP.

CALÈCHE DE FANTAISIE.

Fig. QQ.

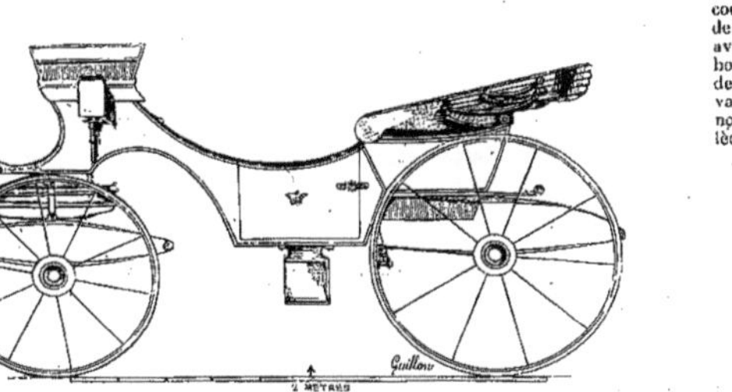

CALÈCHE A PINCETTES et à 4 places.

CALÈCHE

A QUATRE PLACES.

Fig. QQ.

Cette figure, repré-
sente une calèche décou-
verte, et laisse voir sur le
devant de caisse et tout
près du siége du cocher
une petite gorge disposée
tout exprès pour recevoir
un châssis de bois ap-
pelé en termes techniques
avance ; cette avance a
deux ouvertures ou une,
pour y recevoir une ou
deux glaces qui descendent
dans une coulisse établie
tout exprès ; du dessus de
cette avance jusque sur
les cerceaux, il s'adapte
des barres apppelées pa-
villons et assujetties devant et derrière, aussi
bien que cinq tringles en
fer distancées également
avec les pavillons, et tout
cet appareil supporte une
couverture en cuir doublé
de serge appelée également
avance. Tout cela, vissé,
bouclé et boutonné, reçoit
des châssis vitrés appelés
vasistas ; c'est alors qu'on
nomme cette voiture ca-
lèche fermée.

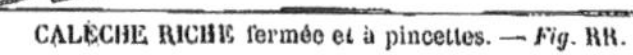

CALÈCHE RICHE fermée et à pincettes. — *Fig.* RR.

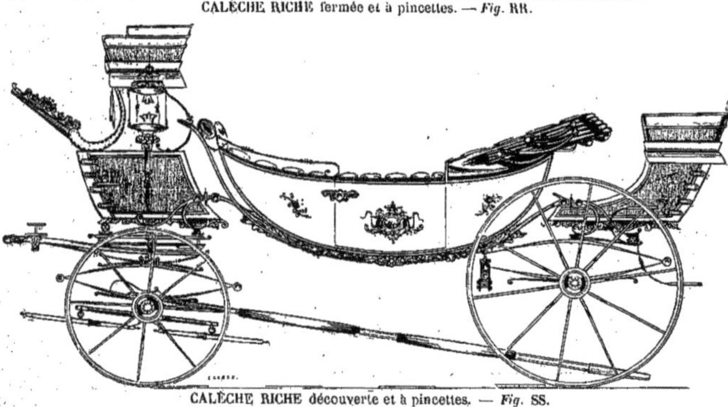

CALÈCHE RICHE découverte et à pincettes. — *Fig.* SS.

CHAPITRE XVII.
CALÈCHE
RICHE FERMÉE
A COL DE CYGNE EN FER.

Fig. RR.

Voiture distinguée en tous points ; elle résume, on peut dire, trois genres en un seul ; c'est-à-dire que primitivement vous avez un équipage de luxe magnifique, imitant avec succès la voiture à double suspension, avec cela de bien mieux qu'elle est plus légère et tourne sur place : ses ressorts à système compensateur la rendent très-douce ; deuxièmement, vous la fermez avec ses beaux vasistas à glaces, et vous avez une berline ou, du moins, l'équivalant ; troisièmement, on enlève le siége du devant que fixent, avec simplicité, quatre chevilles à la romaine, et l'on a un équipage à la Daumont d'un style parfait.

—

CALÈCHE RICHE
DÉCOUVERTE A COLS DE CYGNE EN FER ET A RESSORTS SYSTÈME COMPENSATEUR.

Fig. SS.

Cette figure représente identiquement la même voiture que la *fig.* RR, avec la seule différence qu'elle est découverte, et pour cela on doit enlever l'avance en bois, avance en cuir, tringles et pavillons, vasistas et glaces, et rabattre la capote ; alors cette calèche représente la *figure* ci-contre SS avec ses beaux cols de cygnes en fer devant et derrière, supportés par des ressorts à compensateurs, dont les compensateurs sont indiqués dessus et dessous les ressorts, comme on peut les remarquer aux *figures* RR et SS.

Ce système consiste à empêcher les ressorts de trop fléchir et alors de neutraliser les effets d'une trop forte secousse occasionnée par accidents ou une trop lourde charge.

Fig. TT.

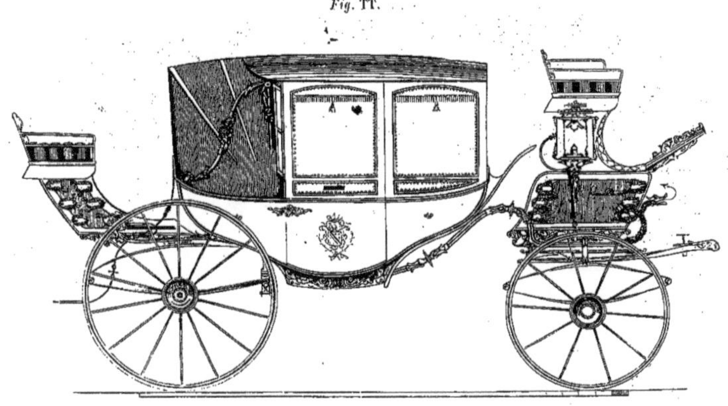

CALÈCHE RICHE à pincettes et à cols de cygne devant et derrière à la caisse et montée sur 2 cols de cygne en fer
sur l'avant-train.

CHAPITRE XXVIII.

CALÈCHE A COLS DE CYGNE

EN FER CISELÉ.

Fig. TT.

...sin ne représente qu'une face latérale ; bien ...oit le côté le plus important, les autres faces ... pas moins de mérite, principalement par ...ent qui garnit tous les tasseaux, ornement ...ouvelle création et d'un goût qui s'harmo-

niso d'une manière admirable avec le genre, les coupes et les lignes de cette voiture.

La *caisse*, ainsi qu'on peut le remarquer, est *allégie* devant et derrière; elle a *deux* mètres de longueur avec un renflement analogue.

Les *vasistas* sont à petites boules et à pavillons elliptiques.

Les *marche-pieds* sont invisibles, c'est-à-dire qu'à l'instant où vous fermez la porte ils se logent sous la caisse.

Les compas, poignées et ferrures de parade sont plaqués en plein.

Les *embases* de col de cygne, à feuilles de tulipe, sont également plaquées, ainsi que des sylphes à

têtes de Chimère qui terminent les cols de cygne.

Le siège de devant, à double galerie, est monté sur ferrures d'une composition et d'un goût très-gracieux ; — sa coquille sculptée est garnie de tasseaux sculptés dessus et dessous ; — les coffres de sièges sont ornés de couvremanns en cuir verni piqués, et avec boucles et crampons ciselés.

Le *train* est sculpté à doubles têtes dans toutes les parties susceptibles de recevoir des ornements.

Les garnitures en reps et les galons de soie, ainsi que les glands et stores, sont d'une grande richesse, et s'harmonisent parfaitement avec le plaqué et la peinture.

Fig. UU.

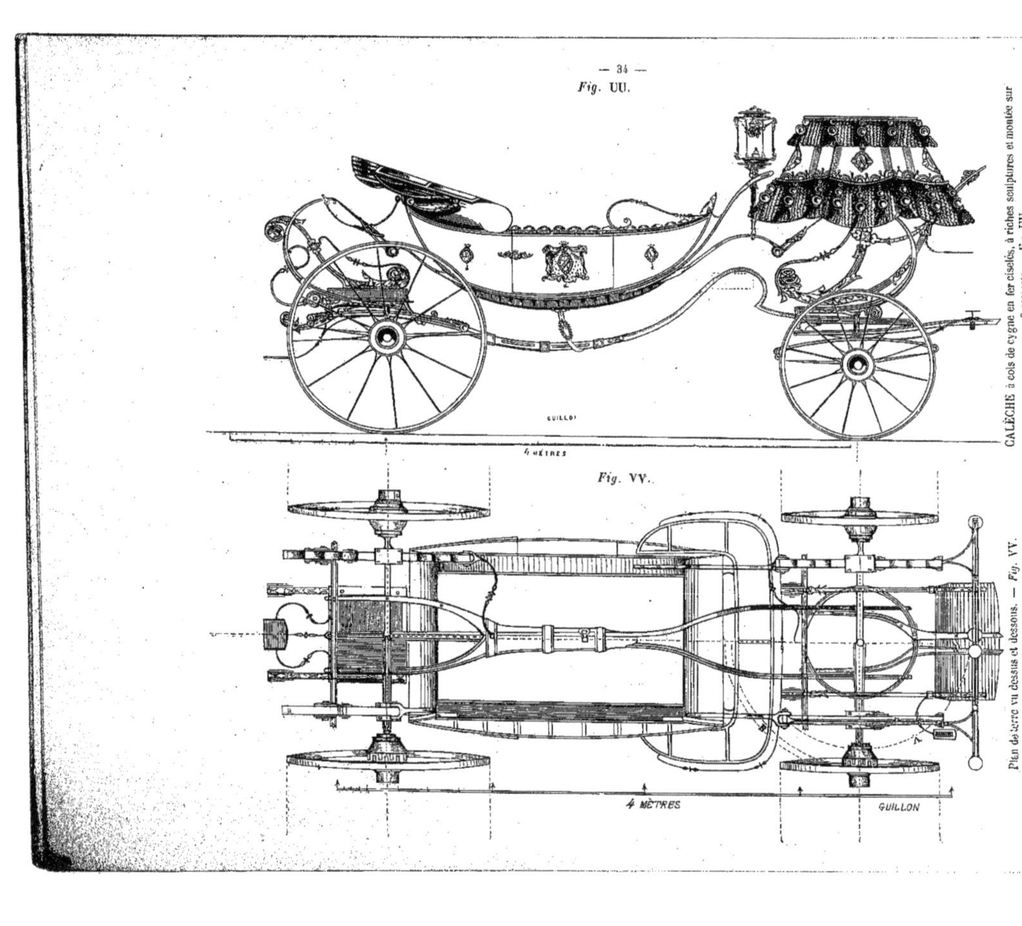

CALÈCHE à cols de cygne en fer ciselés, à riches sculptures et montée sur 8 ressorts. — *Fig.* UU.

Plan de terre vu dessus et dessous. — *Fig.* VV.

CHAPITRE XXIX.

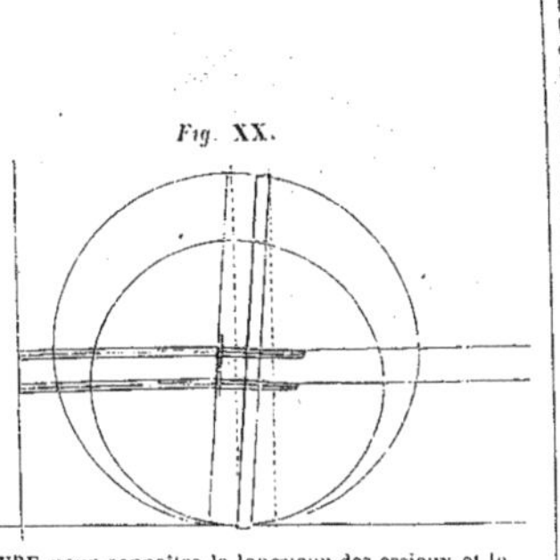

Fig. XX.

ÉPURE pour connaître la longueur des essieux et le devers des fusées.

CHAPITRE XXIX.

CALÈCHE A FLÈCHE

ET A COLS DE CYGNE EN FER CISELÉ ET A RICHES SCULPTURES, MONTÉE SUR HUIT RESSORTS.

Fig. UU et VV.

Après avoir dessiné, tracé en grand ou en petit, la caisse d'aplomb, suivant le niveau d'eau et à hau-

teur de terre, comme à la *Fig* UU, on prend la hauteur de terre pour les voitures à flèche du dessous de la cave et non du dessous du brancard, comme aux voitures à pincettes ; lorsqu'on a bien dessiné sa caisse et que toutes les mesures en sont arrêtées. tant en longueur qu'en largeur, on trace la flèche et les cols de cygnes à 22 centimètres 1/2 de distance du fond de cave et suivant le centre du devant, surtout de manière à ce que ladite caisse en plongeant, ne vienne jamais toucher ou sur le corps de flèche ou sur les cols de cygne, aux quels on donne une tournure selon les goûts du temps, où on exécute ce sgenres d'ouvrages ; ensuite comme la hauteur et l'écartement des cols de cygne forment un passage de roue ordinaire. n'ayant seulement besoin que de dix centimètres de débattement, il faut alors une roue de devant de 10 centimètres moins élevée que les cols de cygnes, mesure prise de dessous bien entendu ; avant de faire son épure de roue, *Fig.* XX, il est nécessaire de faire le plan de terre de la caisse de manière a reconnaître la largeur de voie qu'on peut donner, et pour cela on place les ressorts d'essieu directement en ligne droite du derrière au devant et du devant au derrière sous le brancard de caisse, mais le côté extérieur du ressort à fleur ou araze (expression technique) de l'extérieur du brancard, ce qui place le patin d'essieu à peu près à 5 centimètres de saillie extérieure d'avec la partie également extérieure du brancard de caisse ; le collet d'essieu, ou dégagement entre le patin et la rondelle ne doit avoir alors qu'une mesure relative à la voie déterminée, car la longueur du moyeu donnant celle des fusées, et ce même moyeu de la mortaise à la frête de dedans n'ayant toujours que des mesures variées, oblige à plus ou moins de longueur de collet d'essieu, et il en est de même pour le train de derrière, à part quelque fois des causes de débattement entre la roue de derrière et les panneaux de brisement d'une caisse que par exception on aurait pu faire d'une largeur plus grande que d'habitude ; alors l'intelligence de l'architecte supplée aux principes méthodiques. Après avoir opéré comme il est dit, on ajuste la longueur des essieux ainsi que les distances des patins et rondelles, comme le devers des fusées qui s'obtient par l'épure indiquée à la *Fig.* XX. On décrit ensuite un quart de cercle à partir de l'entre-deux des cols de cygnes *Fig.* VV, pointillé B, où le passage est indiqué, et cette projection donne, d'une manière positive, le placement des roues de devant ainsi que de la cheville ouvrière ; il est bien aussi de s'assurer alors, avant de déterminer la longueur des armons, si les pommelles d'armons en tournant ne viendraient pas toucher aux bouts sculptés du lisoir et de la traverse de support ; le quart de cercle décrit à la

grande *Fig.* VV, pointillé A, prouve évidemment que la longueur et le placement des pommelles a été prévu par l'architecte, quant à l'arrière-train il se place suivant les dispositions où des sièges garnissent le derrière de la voiture ou de l'entoise ; selon qu'elle se trouve placée ; en conséquence, la *Fig.* UU ayant une entretoise, il est donc naturel de placer son centre de train à 15 centimètres du milieu du plancher matelassé, mais alors se rapprochant de la caisse ; on calcule ensuite ses distances de ressorts et jambes de force, de lissoirs à la traverse de support, toujours conformes aux distances du devant ; mais comme la place de l'entretoise n'a pas été marquée, il faut, pour la déterminer, tirer une ligne d'aplomb du haut du derrière de caisse jusqu'à terre, et c'est sur cette ligne que commence le plancher d'entretoise, lequel, ainsi posé, laisse entre la caisse et ledit siège assez de distance pour le débattement. Après cette opération on place les ressorts ancés perpendiculairement aux jambes de force et appuyés sur les sellettes et lisoirs, on tire ensuite une ligne qui partage la caisse en deux parties égales de poids et d'une tête de ressort jusqu'à la ligne de caisse, on tire une ligne obliquée suivant qu'on juge nécessaire à la suspension ; alors de la tête du ressort de devant on en tire une autre qui vient joindre celle du derrière juste sur la ligne perpendiculaire qui partage la caisse, *Fig.* UU.

Quant aux bois sculptés du devant, appelés supports de siège à la française, ils sont posés sur les bois de charronnage d'avant-train et au lieu et place indiqués sur le plan de terre.

La housse est quelquefois posée sur deux ressorts assujettis par lesdits bois sculptés appelés supports à la française et supportant la coquille de siège.

Le plan de terre *Figure* VV, tracé dessus d'un côté et dessous de l'autre, doit être fait suivant les projections ordinaires et selon les connaissances plus ou moins pratiquées du constructeur,

CHAPITRE XXX.
CALÈCHE A DOUBLE SUSPENSION

ET A SIÈGE SUR COFFRE ATTACHÉ A DES
FERRURES TENANT A LA CAISSE LE TOUT
SUSPENDU ENSEMBLE.

Fig. YY.

Cette voiture, dont la caisse est appelée, selon le terme technique, *bas de berline* à 8 ressorts, dont ceux d'essieux supportent des jambes de force ; le siége de devant est assez large pour recevoir deux personnes ; quant à celui de derrière deux courroies en croix le remplacent et ornent suffisamment cette partie, quelquefois trop chargée par divers accessoires qui s'y trouvent adoptés ; dégarnie ainsi de choses lourdes, elle se trouve avoir beaucoup de légèreté.

Le train, également très-svelte avec ses ressorts très-gracieux, s'accorde parfaitement avec la caisse, et ce genre de voiture est très-élégant.

CALÈCHE A 8 RESSORTS
ET A SIÈGE SUR FERRURES.

Fig. ZZ.

Cette figure, dont la caisse est à col de cygne, est une calèche à huit ressorts et n'a point de siége derrière, mais seulement devant, et sur ferrures tenant à sa caisse.

Cette calèche est remarquable par son montage, l'élégance de ses contours et le fini de son travail : c'est véritablement une belle pièce. Mais après l'éloge vient la critique, et malgré tout le mérite de cette voiture, on ne peut approuver la disposition de peinture de la caisse, qui est coupée par le milieu, et dans toute sa longueur, par une imitation de canne ; on ne peut pas dire que c'est une peinture capricieuse, mais c'est un défaut qui dépare, un mauvais goût qui nuit à l'ensemble. Il aurait mieux valu voir un plein panneau ; l'œil eût été plus satisfait ; et cette singularité n'aurait pas gâté toute l'ordonnance de cette calèche. Mais comme il est très-facile de la faire peindre en plein, et alors de remédier à l'objet critiqué, le modèle n'en est pas moins utile et en même temps précieux, car les lignes sont douces et bien suivies.

Fig. YY.

CALÈCHE à double suspension et à siége sur coffre suspendu avec la caisse par des ferrures.

Fig. ZZ.

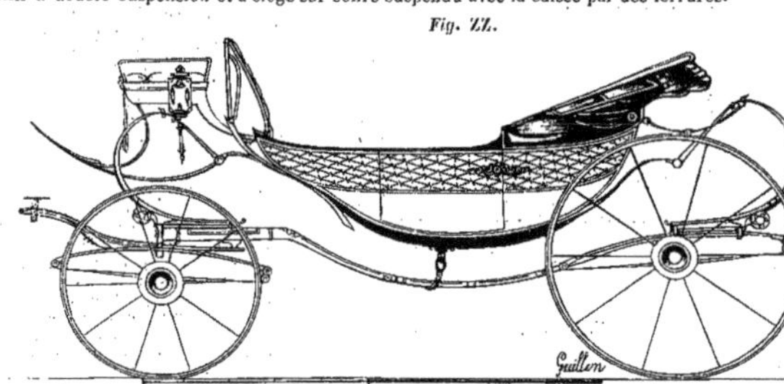

CALÈCHE à huit ressorts et à siége sur ferrures.

SIXIÈME PARTIE

CHAPITRE XXXI.

COUPÉ CHAISE A DEUX PLACES.

Fig. AB.

On nomme coupé chaise ou petit coupé, la *figure* AB, représentée ci-contre avec son plan de terre, et on lui donne aussi le titre de brougham (prononcez broume); tous ces noms dérivent naturellement chacun d'une cause que je crois devoir expliquer : 1° coupé chaise vient de ce que la forme primitive se rapproche du coupé, grande voiture d'étiquette, et que l'exiguité intérieure, aussi bien que le contre-bas que forme la caisse, lui donnent un tant soit peu l'aspect d'une chaise; 2° petit coupé ou diminutif d'un grand coupé; 3° broume ou brougham, cela vient de ce qu'un lord d'Angleterre en ayant possédé un des premiers, les Anglais l'ont ainsi baptisé.

Pour le monter comme il est à la *figure* AB, il est nécessaire de bien dessiner l'avant-train en plan de terre, comme à la *figure* AC, avant-train dont les bois sont cintrés, et dont les roues ont (eu égard à ce genre de caisse) deux points de contact, ou autrement dit deux parties susceptibles de toucher, soit en haut de la caisse ou coffre, et en bas de la caisse ou bas de pied, et même au milieu, s'il n'était pas cintré comme à la *figure* AC, représentant ledit cintre pour faciliter la roue à tourner sans qu'elle puisse y toucher.

Toutes les mesures sont exactes et peuvent être prises sur l'échelle de proportion, il me paraît donc inutile de les côter. Je ferai observer seulement qu'on peut faire une voie de devant plus large si l'on veut, mais on serait alors obligé ou d'allonger le train, ou de cintrer les bois plus en avant; il est monté à cinq ressorts derrière et à pincettes devant, et la portière porte une petite palette qui forme recouvrement sur le marche-pied, utile à monter.

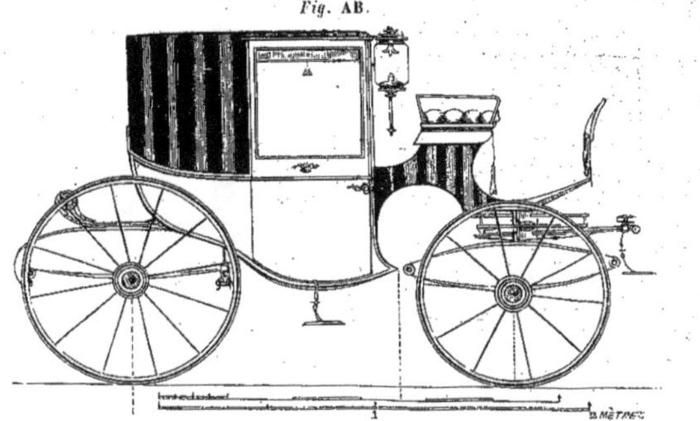

Fig. AB.

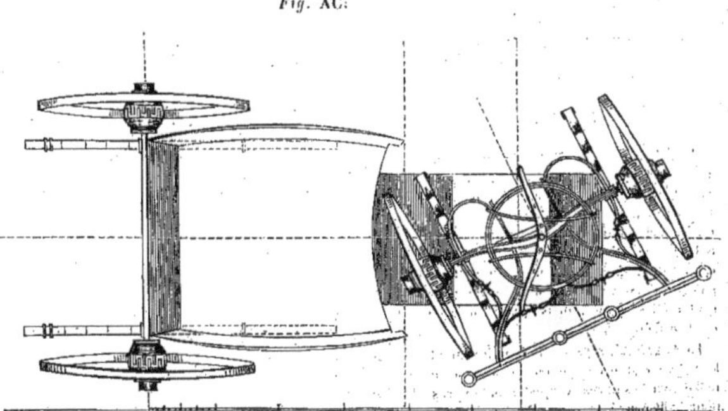

Fig. AC.

Reliure serrée

Fig. AD.

Fig. AE.

CHAPITRE XXXII.

COUPÉ CHAISE.

Fig. AD.

Il diffère du précédent par un changement de forme dans la caisse et dans l'a-
vant-train, qui a une cheville ouvrière
très-avancée se logeant dans un petit rond
en fer, comme on peut la voir fonctionner
à la *figure* AF. Ce genre de coupé chaise
est assez goûté, il a un garde-crotte à
galerie s'allongeant ou se relevant pour
soutenir les guides, mais quant au reste
c'est la même chose.

La *figure* AE représente identiquement
le même coupé équipé en voyage, avec
malles, vaches et véaux, ajustés tout exprès
pour ledit coupé.

Fig. AF.

AVANT-TRAIN

A PETIT ROND.

Fig. AF.

Le coffre est représenté vu de dessous et tenant
à un fragment du coupé, *figure* AD, et cela pour
démontrer que quelque fois le bec du devant de
coupé peut gêner au passage inférieur ; on peut
remarquer à cette figure que les armons sont assemblés avec les fourchettes d'avant-train, qui
supportent le petit rond auquel est attribué tout le
système de cheville très-avancée.

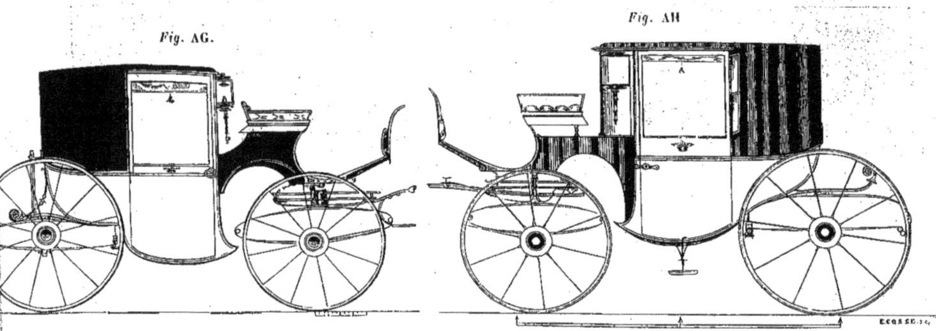

CHAPITRE XXXIII.

COUPÉS A 2 ET A 4 PLACES,

COUPÉ CHAISE A 2 PLACES.

Fig. AG.

Cette figure, quoiqu'ayant très-grand rapport avec les précédentes, a cependant quelque différence dans sa forme de caisse, aussi la désigne-t-on sous le nom de coupé à deux courbes; l'avant et l'arrière-train sont pareils, non aux précédents, mais bien aux figures AB et AC du chapitre xxxi de cette partie du traité; il y a cependant les cinq ressorts d'arrière-train qui diffèrent en ce que ceux de la figure AB sont à jumelles ou menottes brisées, et que ceux de la figure AG sont à charnières simples et à forme soufflet; pour l'avant-train, le lisoir et la sellette, ils sont un peu plus cintrés en avant.

COUPÉ TROIS QUARTS;

DIT COUPÉ CHAISE A QUATRE PLACES.

Fig. AH.

C'est toujours le même mode de montage, il y a seulement différence en ce que les dispositions de caisses sont faites de manière à recevoir un avant-corps circulaire composé d'une forte glace cintrée suivant les rainures conditionnées tout exprès. Un coffre droit sur son dessus, reçoit un fauteuil de siége sur ferru res et quilles boulonnées. Deux ailes chaque côté et attenant aux portières, garantissent de la boue et ornent l'équipage, dont le marche-pied est à recouvrement attaché à la porte, et c'est encore ce qu'il y a de mieux (1); les ressorts de devant sont à charnières et à soufflet, ceux de derrière sont à crosses et règnent fort bien avec les moutonnets également à crosses. L'avant-train est à deux chevilles et à coulisses, ce qui racourcit beaucoup le train. Ce genre de coupé est très à la mode aujourd'hui.

(1) Ce mode de marchepied est si simple et si commode, qu'on y revient toujours.

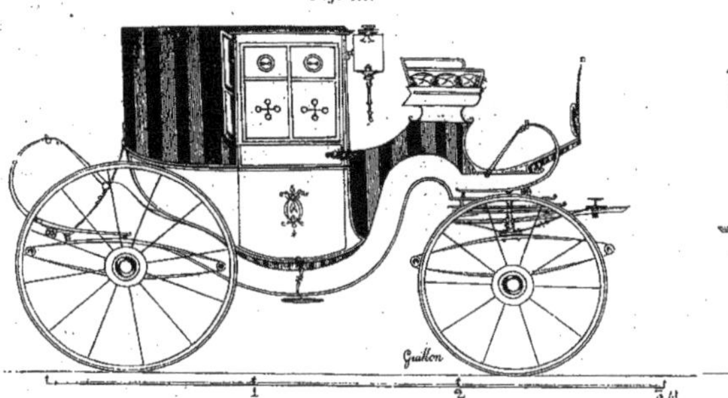

Fig. AI.

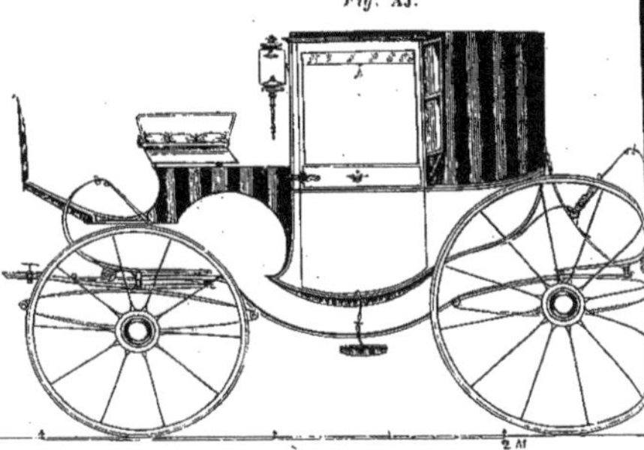

Fig. AJ.

CHAPITRE XXXIV.

COUPÉ DIT D'ORSAY,

A FLÈCHE EN FER ET A UN SEUL COL DE CYGNE.

Fig. AI.

Il faut remarquer que la caisse de cette figure a été tracée en rapport avec le corps de la flèche ou brancard, comme on voudra appeler ce nouveau mode de constructions ; les contours en sont assez heureux, quoique très-raccourcis, et ce sont ces motifs qui obligent à tenir la voie de devant très-étroite, à seule fin de pouvoir tourner sur place et passer sous le col de cygne ; les ressorts d'essieux sont seulement à pincettes, et supportent alors la voiture et son système de suspension, qui alors en double la douceur ; la construction et les épures n'ont pas besoin d'être démontrées, puisque les mêmes moyens sont employés pour les voitures à cols de cygne, et que les *figures* UU et VV du chapitre XXIX démontrent surabondamment les moyens à employer.

Fig. AJ.

COUPÉ A DOUBLE SUSPENSION,

DIT D'ORSAY.

Il contient deux places assez grandes, est monté comme une calèche à huit ressorts, avec cette différence que la flèche, ordinairement bois et fer, est ici tout en fer, mais non d'un seul morceau, comme on en fait beaucoup en Angleterre. Cette flèche, à Paris, se confectionne avec addition d'une bande de dessous dans toute sa longueur, avec des tirants d'écartement devant et derrière, non pas enlevés de forge ensemble, comme d'habitude, mais bien ajustés avec des brides ou colliers qui se serrent avec des écrous. Les ressorts ancés sont toujours très-petits devant pour faciliter à monter sur le siége, mais ceux de derrière sont plus grands, et deux courroies en croix ornent leur entre-deux. De belles ailes aux portes, un joli fauteuil de siége et des marchepieds bien garnis avec recouvrements plaqués, ainsi que de belles lanternes et poignées ciselées, en font un véritable équipage de luxe.

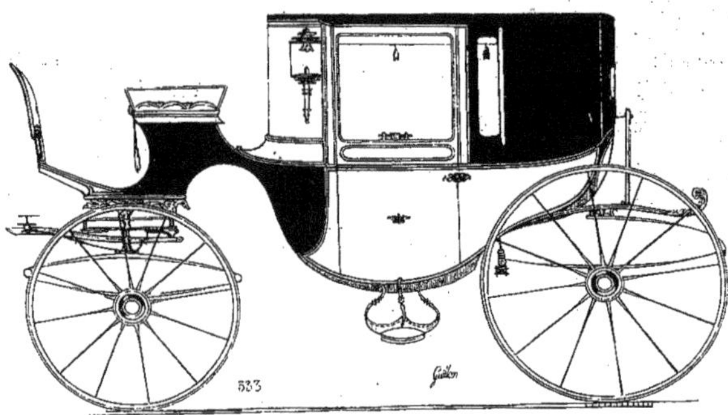

Fig. AK.

CHAPITRE XXXV.

COUPÉ A QUATRE PLACES,

DIT CLARANCE.

Fig. AK.

C'est bien le plus gracieux et le plus élégant de tous les clarances, et c'est même un des modèles les plus estimés à Londres, où tout ce qui tient à l'aristocratie anglaise, et qui est susceptible de bon goût, possède un clarance de ce modèle.

Tous les contours de caisses sont suivis et règnent avec beaucoup d'ensemble; les panneaux de derrière s'arrondissent un peu pour donner de l'aisance à ceux qui s'y asseoient; une petite beille garnie en dehors d'une aile s'ouvre et se ferme à coulisse, à la volonté des personnes assises à l'intérieur, sur la parclose postérieure; le devant est à glace arrondie, orné de deux belles lanternes; le fauteuil de siége est à jour ou non garni, et laisse voir le coussin, qui est assez large pour deux places, ce qui permet à un valet de pied de s'asseoir à côté du cocher; le montage est ordinaire.

CHAPITRE XXXVI.
COUPÉ DE VILLE.
Fig. AL.

L'étiquette a fait et fera toujours de ce genre de voiture son équipage de prédilection. A voir ce grand équipage avec deux beaux chevaux richement harnachés, dont le train long et large ne supporte qu'une caisse à deux places, ne comprend-on pas que c'est là le type du luxe le plus brillant et le plus riche.

Cette caisse longue et large est garnie de velours de soie avec galons épinglés ; elle est montée sur un train à huit ressorts dont la légèreté ne doit être que relative au genre un peu lourd que comporte un pareil carosse ; le derrière est garni d'un siége de domestique appelé entretoise, et garni de bois sculptés qu'on nomme moutonnets, qui sont soutenus par des ferrures devant et derrière, portant diverses feuilles et embasses et figurant alors des ferrures de parade ; les bois sont sculptés à feuilles du même ordre que les bois de traverses du train ; des courroies de cuir, garnies de boucles plaquées et ciselées, ainsi que des poignées en passementerie, reposent sur une galerie plaquée et ciselée attenant à la caisse, et qui termine l'ornementation du derrière de ce coupé ; le devant se compose première-ment d'un siége à la française, appelé vulgairement la usce, qui est posé assez en avant pour que les deux belles lanternes ornant le devant de caisse ne viennent pas toucher les coins dudit siége lorsque la voiture roule et se balance sur ses huit ressorts, mobiles de sa suspension.

Ce siége est alors garni de velours de soie, avec passementerie soyeuse à galons pluchés et broderies dorées, le tout monté sur un coffre qu'on nomme tonneau, en raison de sa forme presque ronde ; il est moitié bois et moitié cuir verni, point par les mêmes procédés que ceux employés pour les voitures en général.

DESCRIPTION DU MONTAGE.

Après avoir tracé la caisse, toujours à la hauteur du sol, comme il est dit dans les précédentes opérations analogues à ce genre, on descend ses lignes projetées pour la largeur, surtout au bec de devant de la *figure* AL, dont la ligne descendue en projection correspond comme on peut le voir sur la *figure* AM à la lettre B, qui est placée juste à l'endroit du passage supérieur de la roue ; alors, après avoir déterminé sa hauteur de roue, au moins 15 centimètres plus bas que ledit passage au bec de devant, comme il est dit, on arrête sa largeur de voie, on fait tourner le compas du cercle décrit B de la roue, placée naturellement jusqu'à l'épure B, touchant presque au bec de devant à la *figure* AM, et on a régulièrement la place de son avant-train ; il faut aussi remarquer que quelquefois, suivant la hauteur plus ou moins grande des roues de devant, on se trouve gêné pour le passage supérieur, eu égard à la jambe de force attenant au ressort d'essieu qui peut venir toucher au corps de flèche et même quelquefois à la partie

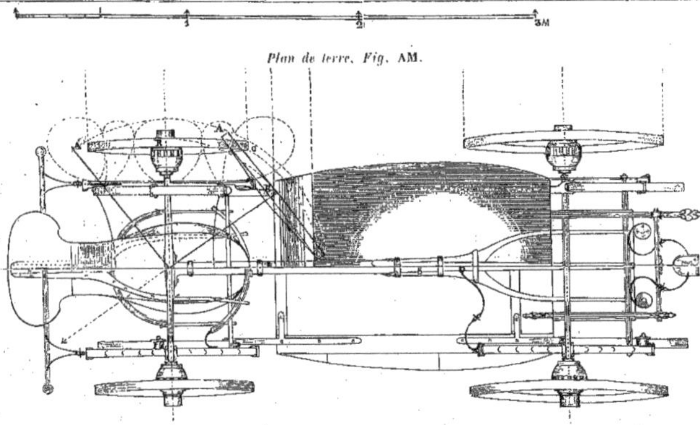

Plan de terre. Fig. AM.

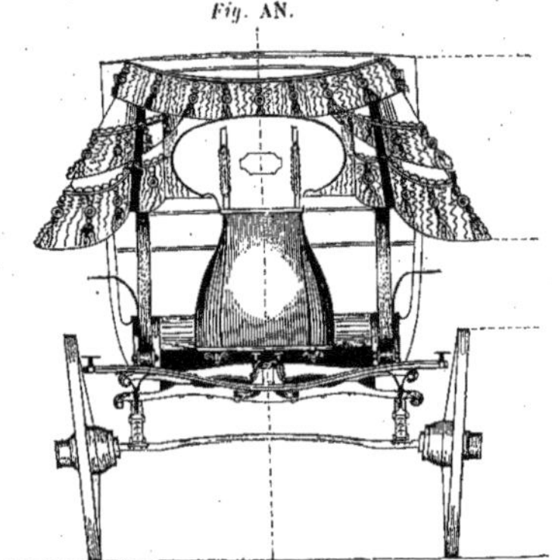

Fig. AN.

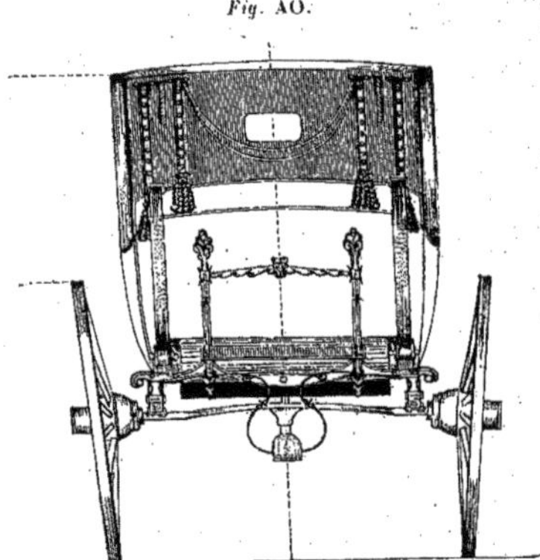

Fig. AO.

C de la roue, plan de terre, *figure* A M lettre C, position naturelle, et lettre C, arc de cercle, décrit jusqu'au corps de flèche ou tout près, c'est-à-dire à une distance de 5 centimètres; alors, selon ces divers résultats, le passage supérieur peut se trouver plus ou moins en dehors ou en dedans.

L'arrière-train s'exécute à peu près comme aux figures précédentes analogues à celles-ci; les renflements de caisse donnent à peu près la mesure de la voie mise en rapport avec l'écuage et le devers des roues.

On voit par le plan de terre *figure* AM, les longueurs des bois et la place des colliers de flèche, aussi bien que la position des tirants d'écartement et anneaux de débattement, ferrures et sasseoires, armons et volée, coquille et tonneau empannons et marchepieds, leur forme et leur largeur, écartement, place et position, etc.

Figure AN.

Miroir exact de la *figure* AL vu du devant; ce genre de plan, appelé coupe extérieure, vu de face, est d'une exécution plus difficile que les autres; mais aussi donne-t-il un aperçu très utile pour bien construire et surtout avec habileté et bon goût, car toutes les parties d'une voiture sont alors vues sur toutes ses faces et les défauts sont bien plus visibles et faciles à éviter.

Figure AO.

C'est par les mêmes procédés que pour la *figure* AN qu'on trace et qu'on apprécie cette figure vue de face, derrière le coupé.

Il faut toujours projeter ses lignes sur son plan latéral.

SEPTIÈME PARTIE.

CHAPITRE XXXVII.

LANDAU BERLINE.

Fig. A P.

Le style de ce landeau, qui n'est, en définitif, qu'une voiture réduite à sa plus simple expression, quand surtout on peut la comparer et la voir auprès de ces magnifiques landaus montés sur de beaux trains, légers, doux et solides.

En somme, la confection en est soignée, quoique très-simple. Le développement s'opère facilement. Ce que l'on nomme l'avance se replie en trois et fait corps avec la capote ordinaire à trois cerceaux ; les montants des portes se rabattent comme d'habitude, ceux des panneaux de brisements s'enlèvent, et sur le devant se baissent et se croisent.

Lorsque ce landau est fermé, la frise du devant est assez haute pour que la glace rentre en entier dans son lit ; mais les petits châssis de côté sont formés de deux parties, dont la supérieure porte un recouvrement qui s'encastre à cheval et repose alors sur sa partie inférieure, et si l'on veut la baisser entièrement, des attaches simples servent à la faire descendre dans le coulisseau, qu'on a eu la précaution de laisser plus large qu'on ne le fait d'ordinaire pour contenir ces deux glaces qui doivent glisser et porter l'une sur l'autre.

Ce landau est à quatre places — le siége en a deux assez étroites — car sa largeur n'est que de 70 centimètres extérieurs : celle de la caisse à la portière et à la ceinture est de 1 mètre 20 centimètres ; derrière comme devant, la largeur est de 1 mètre 4 centimètres ; les longeurs peuvent se voir sur l'échelle de proportion.

CHAPITRE XXXVIII.

BERLINE A 4 ROUES

APPELÉE CLARANCE.

Fig. AQ.

Ce clarance est connu à Paris sous le nom de berline à quatre places. Sa forme, demi-wourtz, est assez bien goûtée, depuis quelque temps, dans un certain monde, mais son véritable usage comme voiture, est celui d'une berline à 4 places, et il en a tous les avantages ; d'abord corps de caisse du derrière à la coquille, long de 2 mètres 65 centimètres. Les portières, dont la largeur est de 59 centimètres 5 millimètres, font ouvrir et fermer les marche-pieds, en même temps qu'elles s'ouvrent et se ferment elles-mêmes. Des roues de devant de 89 centimètres de hauteur, et une voie de 1 mètre 15 millimètres, de dedans en dedans des jantes de roues, donnent la facilité de tourner sur place sans toucher au passage de la caisse. Les ressorts à pincetettes, dont la forme roëdiliptique procure tout à la fois de la force et de la douceur, sont d'un effet gracieux.

Le siége du cocher est large de 92 centimètres, juste la mesure de deux places, au besoin, dans le cas où le marche-pied ne serait pas mécanique. Le montage de derrière est à cinq ressorts, de forme analogue à ceux du devant.

La peinture de la caisse est d'un fond vert, avec filet pistache, le train est rouge, et le plaqué jaune, la garniture et les galons sont bleus.

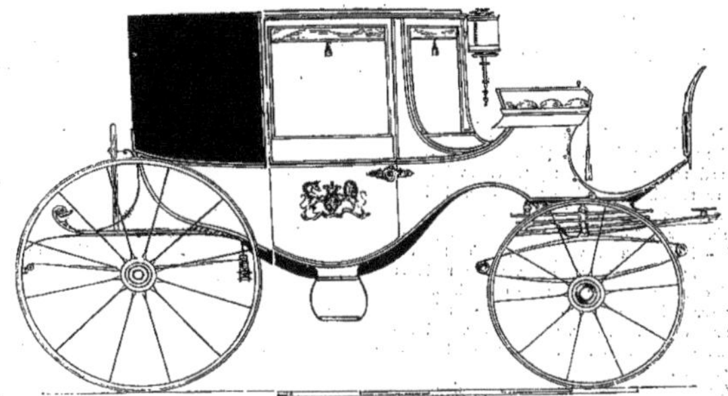

Fig. AQ.

LANDAU

A SYSTÈME FULLER.

Fig. AR.

La figure représente très-exactement cette voiture. Ses belles crosses, bien ferrées derrière et devant, se marient on ne peut mieux avec les moutonnets de derrière, et supportent sur le devant un très-beau coffre ; gracieuses et hardies, elles ressortent derrière un châssis posant sur des menottes brisées et à fourches, supportant chacune deux ressorts en travers, ce qui donne en tout six ressorts derrière, en comptant ceux de l'essieu, et le mouvement en acquiert une plus grande douceur. Les ressorts à pincettes de devant sont longs et également doux, mais le principal mérite est dans le mécanisme de la fermeture de caisse, où deux beilles pratiquées au-dessus de la charnière et se brisant au développement, disposent cette fermeture à se rabattre à plat, mieux et plus facilement que l'on était parvenu à le faire jusqu'à ce jour.

Fig. AR.

CHAPITRE XXXIX.

BERLINE A PINCETTES

Fig. AS.

La caisse, forme coupé chaise, est garnie en soie rosée, galon gris et cerise avec pavillon à rosace. La garniture des roulettes des glaces, boutons et contrepoignées, est en nacre de perles ; les glaces sont à double biseau, et les lanternes, en plaqué d'argent ; le coffre dépend de la caisse ; le siége est à fauteuil anglais ; le cordon du cocher est un porte-voix en caoutchouc ; un miroir sur charnières est placé à l'intérieur au moyen d'un mécanisme ingénieux et d'une grande simplicité ; on incline ce miroir et on le relève à volonté pour les différents degrés de mirage.

La cheville ouvrière est à douille, et afin d'en permettre facilement le graissage, elle est à tête mobile ; les ressorts de devant sont à pincettes et à mains ; ceux de derrière sont montés à cinq ressorts et l'étagement en est invisible ; le tout repose sur des essieux à patentes avec boîtes en fer. Les roues, hautes et rapprochées, donnent à cette voiture un roulage plus égal et plus prompt.

La peinture de la caisse et du train en fond grenat, est rechampie cerise avec filet blanc.

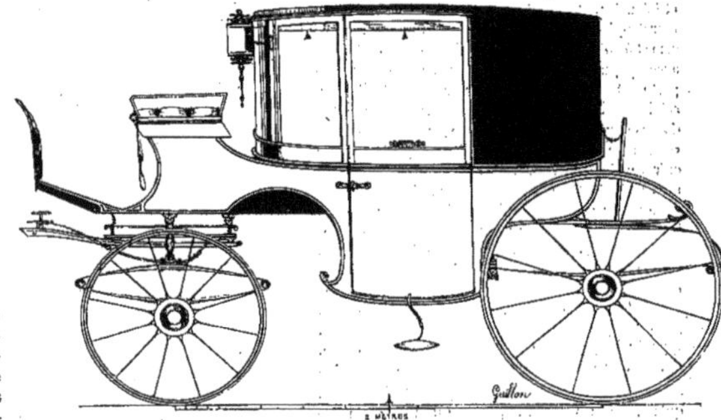

Fig. AS.

CHAPITRE XL.

BERLINE A PINCETTES.

A CAISSE DÉGAGÉE DEVANT ET DERRIÈRE ET MONTÉE
SUR DEUX COLS DE CYGNE EN FER.

Fig. AT.

Caisse à doubles cols de cygne et à cave sculptée
portant jet d'eau à galeries, lanternes riches, et
galeris de support de poignées de laquais, glaces
et jalousies, stores et garnitures en soie cotelinée,
marche-pieds en dedans, housse et passementeries de
soie et à coins tuyautés ; ainsi que les faces latérales
accompagnées de deux cornets, le coffre qui la supporte est garni de galbes en cuir verni attaché fort
solidement. Les boucles sont ciselées richement et
dorées sur argent, ce qui forme un contraste heureux avec les piqûres en soie jaune qui bordent le
cuir verni des galbes, une entre-toise à mantonnets
renversés et artistement sculptés orne l'arrière-train ;
cette voiture est supportée par deux belles crosses
longues et gracieuses ; des mains à cols de cygne,
avec embases à feuilles de tulipes ciselées, plaquées
or et argent et terminées par des torsades à têtes de
chimères richement modelées et gravées, supportent le devant de la caisse et reposent sur un avant-
train, bois et fer sculptés et ciselés, dont les extrémités des sellettes et lisoires comportent une double tête. Cet avant-train est monté sur ressorts à
soufflet comme l'arrière-train, avec cette différence,
qu'aux ressorts à soufflet, adhère un ressort de travers, ce qui rend cette voiture très-douce.

Les essieux sont à patentes et sans coude, ce
qui simplifie et perfectionne le travail.

La peinture est fond vert anglais, sur un train
rouge, glacé de carmin, les corps d'arrêt sont noirs
et les rechampis rouge et vert avec chiqueture aux
ornements.

Le plaqué est blanc rehaussé d'or et domine
agréablement, ce qui résume parfaitement une voiture de demi apparat.

Fig. AT.

CHAPITRE XLI.

BERLINE A DOUBLE SUSPENSION

ET A HOUSSE SUR TONNEAU.

Fig. AU.

.La housse montée sur tonneau et historiée de belles passementeries est très-riche, les moutonnets d'entre-toise sont sculptés, les glaces, les étoffes, les accessoires, la peinture, sont d'un goût parfait, tout cela est élégant, solide et distingué. C'est ce qu'on peut appeler le type des beaux équipages. Le montage de cette berline est le même que celui du coupé de ville, *fig.* A L, chapitre XXXVI de la sixième partie ; on peut étudier l'épure dans ledit chapitre à la *fig.* AM, dessinée en plan de terre vu dessus et dessous.

Fig. AU.

Fig. AV.

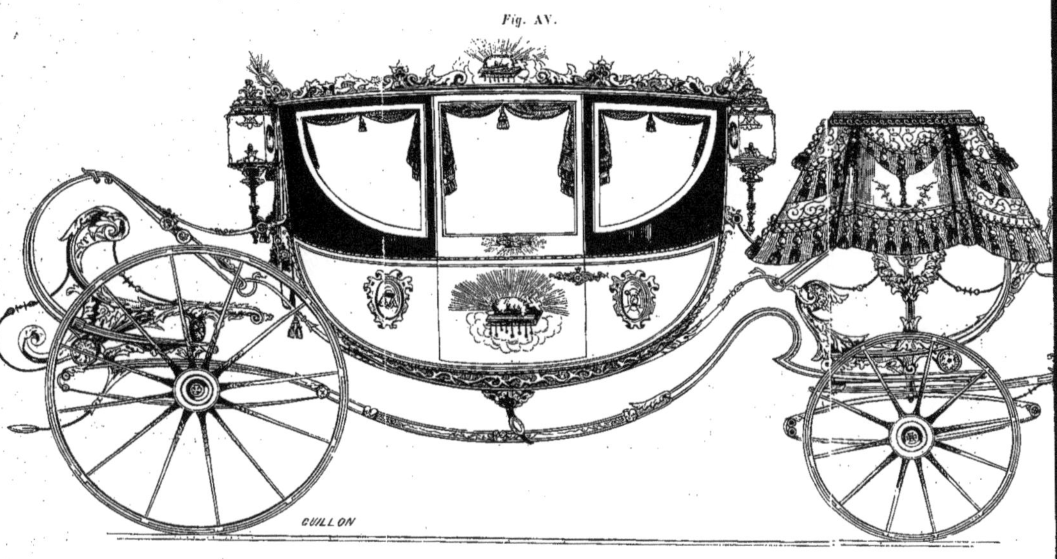

CHAPITRE XLII.
BERLINE ÉPISCOPALE ET DE GALA.
Fig. AV.

Huit ressorts et quatre jambes de force ciselées, huit belles glaces coulantes à fond, ornent cet équipage d'apparat ; les quatre glaces ornant les panneaux de brisements, n'auraient pas pu couler à fond si l'on n'avait eu l'ingénieuse idée de faire arraser la joue de fond avec les panneaux et attacher la main à ladite joue de fond, qui en réalité n'est que figurée ; quatre riches lanternes meublent parfaitement la caisse, la housse et la passementerie ne laissent rien à désirer, et des jasmins écarlates sur une frange rouge et un fond gris blanc forment un contraste heureux ; l'intérieur est meublé d'un fauteuil mobile garni avec beaucoup de talent ; la dorure et la peinture, exécutés avec beaucoup de soin, n'empêchent pas de distinguer le goût exquis qui a présidé aux sculptures nombreuses qui ornent l'entre-toise et le siége à la française.

Fig. AX.

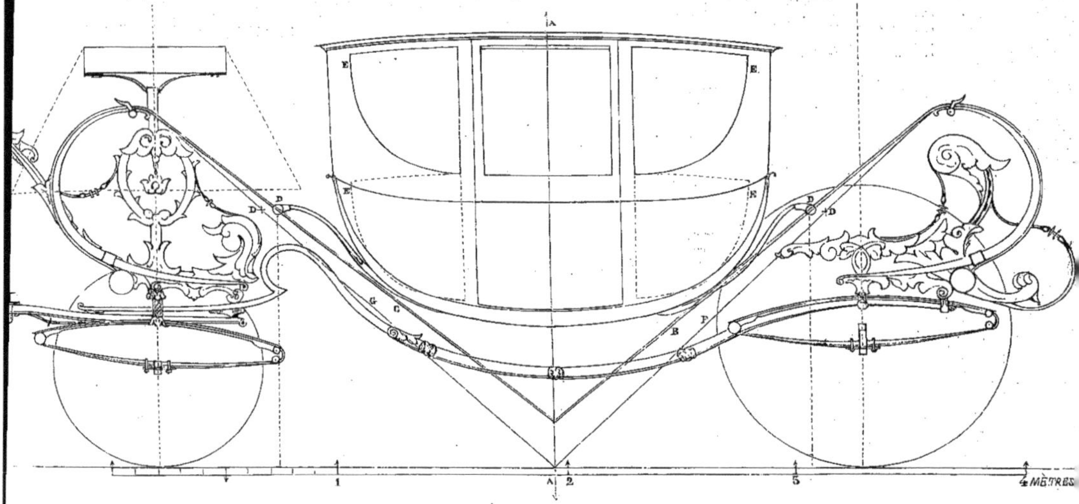

ÉPURE

DE LA VOITURE ÉPISCOPALE

Fig. AX.

On doit remarquer que cette figure n'est autre chose que la charpente ferrée de la *figure* AV, pour en indiquer plus clairement la manière de l'exécuter, surtout en ce qui touche la suspension des caisses de ce genre et de celui de la *figure* UU, du chapitre XXIX de la 5me partie de ce traité, où la description a été expliquée sans figure; cette même manière de suspendre les caisses peut aussi s'appliquer aux voitures à flèche droite, comme aux *figures* ZZ du chapitre XXX de la 5me partie; mais pour la *figure* YY du chapitre XXX, 5me partie, il faut bien entendu y comprendre le coffre de siége, comme appartenant expressément à sa caisse.

DESCRIPTION DE LA FIGURE AX.

La ligne perpendiculaire AA de haut en bas et de bas en haut, doit partager la caisse en deux parties égales de poids, et les deux têtes de ressorts ancés qui ordinairement sont à la même élévation du sol, et qui reçoivent les couroies de soupentes, servent à arrêter la pente des lignes figurant la corde d'arc. Mais il faut procéder premièrement par tirer une première ligne de la tête du ressort de derrière, lettre D et croix, jusqu'à terre en joignant la perpendiculaire lettre A, on en fait alors autant de la tête du ressort de devant, toujours ligne D et croix et venant joindre celle de derrière sur la lettre A. On doit, après ces lignes tirées, bien examiner si la pente n'en serait pas trop roide, comme les lettres F. D. et croix la représentent ainsi que celles de devant, lettres D croix et G. Ainsi on voit que cette pente roide ne convenant pas, on peut en tirer d'autres comme les lettres D et B de derrière et les lettres D et C sur le devant, lignes définitives alors et arrêtées, et pour cela on dessine la main, et de la hauteur du boulon fixée, on en prend la même hauteur pour celle du devant qu'on dessine de gouverne et à laquelle on donne le ceintre le plus doux possible. On comprend après la vue et l'explication de cette figure que la suspension est très-régulière.

Pour la caisse et les jours d'ouverture appelés Beilles à glaces, ils sont tracés et ponctués lettre E dans le custolde, et mêmes lettres lorsqu'elles sont descendues dans les panneaux dont le jour de fond arrose le brancard exprès pour que lesdites glaces lettres EE descendent et disparaissent totalement. Pour l'entre-toise et le siége de devant, les tracés indiquent suffisamment les mesures, proportions, places et dispositions nécessaires pour la mise en œuvre.

HUITIÈME PARTIE.

DES OMNIBUS.

Cette huitième partie qui ne traite que les omnibus Bræck, et les char à-bancs, n'a pas, au point de vue des dessinateurs, la même importance que les voitures bourgeoises.

Cependant, si le dessinateur n'y est pas indispensable, il ne s'en suit pas de là que la démonstration en soit inutile; car il y a beaucoup de talent à construire ce qu'on appelle de la grosserie, surtout dans de bonnes conditions ; aussi donnerai-je à la fin de ce traité des explications détaillées et catégoriques, concernant les matériaux à employer, ainsi que la manière de les débiter et de construire de grands travaux d'omnibus wagons et caissons; mais je ne donnerai que peu de plans et coupes, vu l'inutilité eu égard à ce genre de travail, où les passages de roues, ainsi que le placement des supports, n'offrent aucune d'ifficulté, quant aux bræcks et chars-à-bancs que je fais entrer dans cette 8me partie de mon traité, où je n'indique nullement la manière de les monter; on n'aura qu'à voir la 2me partie de ce traité, et on remarquera que ce sont lesmêmes principes à observer.

CHAPITRE XLIII.

Fig. A Y.

VOITURES DE FAMILLE DITES CHAR-A-BANC.

Onze personnes peuvent se loger dans cette voiture, où la onzième place, qui est celle près de la porte, est la moins agréable; quand aux dix autres personnes, elles sont convenablement et largement logées. Les jours pratiqués dans les custodes sont suffisants pour donner une ventilation raisonnée; ils sont ornés de stores rouges et de châssis à glaces. Le cabriolet de devant est large assez pour trois places ; le passage des roues est parfaitement calculé, le fond du cabriolet ne doit reposer que sur le lissoir et la traverse de support, et non sur des tasseaux. Les ressorts sont gracieux, doux et solides. Les essieux sont à patentes, et les roues hautes et légères; les marchepieds sont à portefeuille et à deux marchos, ils sont bien placés et commodes; la garniture est en drap bleu avec un galon en laine; il y a en tout une simplicité bien comprise, et un de ces arrangements modestes tellement bien coordonnés, que la grâce, le bon goût et une sorte d'élégance en ressortent ; la peinture est bleue et blanche, les jets d'eau sont en bois, les panneaux en noyer, et le dessus de l'impériale en zinc.

Fig. AY.

Fig. AZ.

CHAPITRE XLIV.

Fig. AZ.

Petit omnibus à onze places dont trois dans le cabriolet indiqué sur le devant et huit dans la partie postérieure, où on se trouve assis face à face, et sur le côté toutes les places sont larges et commodes, ainsi que l'entrée, qui se ferme à volonté par une porte de derrière qui retient le marchepied; lorsqu'elle est fermée, la largeur de cette caisse est de 1 m. 60 c. dans sa partie la plus large et de 1 m. 20 c. à l'endroit du plancher où repose les pieds, et cela ne gêne en rien, puisqu'on est assis à la hauteur nécessaire pour que la ioue de fond ou de cave ne gêne en rien les pieds.

Fig. BC.

CHAPITRE XLV

OMNIBUS.

Fig. B C.

Cet omnibus, propre au service des chemins de fer, comporte 4 places d'intérieur, 2 sur l'impériale et 2 sur le siége.

Ce petit omnibus, qui fait déjà plusieurs services, doit prendre une grande faveur dans les diverses départements, pour transporter les voyageurs d'une localité à une autre, ou pour l'usage intérieur des villes un peu populeuses et étendues.

La caisse qui est arrondie devant et derrière, donne un certain travail pour placer les tôles, mais aussi, en compensation, ce travail donne un cachet à l'exécution.

Cette caisse, qui est toute ronde en contre-bas, exige que les ressorts en travers soient cintrés à rebours des ressorts ordinaires.

L'avant-train est ordinaire, les glaces de devant sont demi-rondes et ne coulent pas dans la caisse comme celles de côté.

Ce petit omnibus, outre le cachet extérieur, a de l'élégance à l'intérieur, il est garni avec beaucoup de goût et d'art, de deux bois, qui se marient parfaitement, et sont d'un bon effet, par la manière dont ils ont été employés, c'est l'acajou et l'érable.

La peinture est couleur verte et le train rouge.

CHAPITRE XLVI.

Fig. B D.

La caisse, ainsi qu'on le voit dans la planche que nous donnons, a , de chaque côté, plusieurs jours parfaitement et régulièrement ouverts; celui du milieu est grand, spacieux et procure le même avantage, en été, de rouler comme si l'on était à découvert: tous ces jours peuvent se clore en cas de mauvais temps, et l'intérieur est disposé de manière que, dans cette condition, on puisse s'appuyer sans gêne, sans fatigue et avec aisance.

CHAPITRE XLVII.

OMNIBUS à 8 places.

Fig. B C.

Modèle gracieux et roulant, les châssis et jalousies sont en bois de noyer, derrière; il est monté sur trois ressorts et devant sur deux à pincettes, l'avant-train est à bois cintrés, la porte fait ouvrir le marchepied par un mécanisme ordinaire et solide; les boîtes des roues sont à patentes et le siège est à 2 places; la cave s'arrondit en dessous de manière à rendre cet omnibus très-léger et commode: le ressort de travers est cintré à rebours de l'ordinaire et cela en raison de ladite cave arrondie en contre-bas.

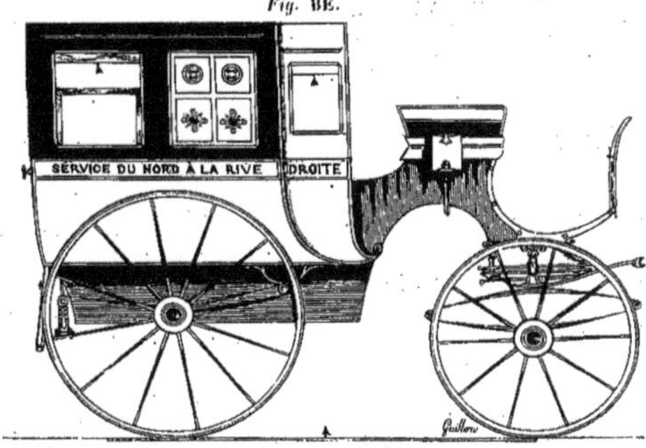

Fig. BE.

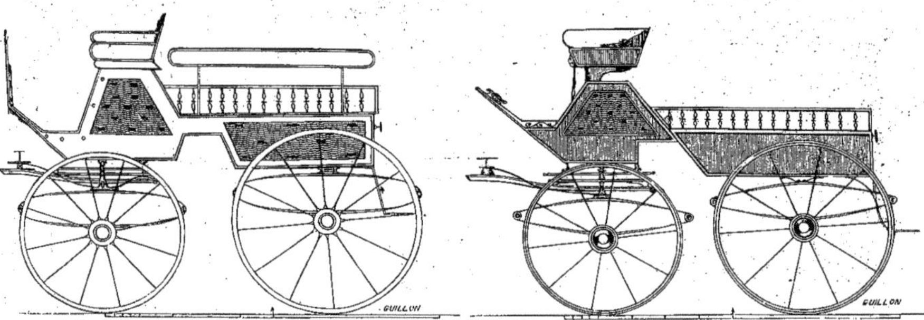

BRAECK LÉGER.
Fig. B F.

Simple, gracieux, commode, ce Braeck sert aussi de chariot de campagne, lorsqu'on y adapte un grand couvercle; on peut y charger des malles et toutes sortes d'accessoires; il remplit parfaitement les deux conditions tant répétées d'Horace, *miscuit utile dulci ;* il joint l'agréable à l'utile.

BRAECK CHAR-A-BANCS.
Fig. B G.

Nouveau modèle, à six places très-commodes; le dessin que je donne ici ne reproduit que très-imparfaitement la gentillesse et la grâce de ce petit Braeck, dont la pensée, l'assemblage, toute la combinaison et les soins apportés à son établissement, dénotent que ce charmant véhicule est l'œuvre d'un bon et habile fabricant.

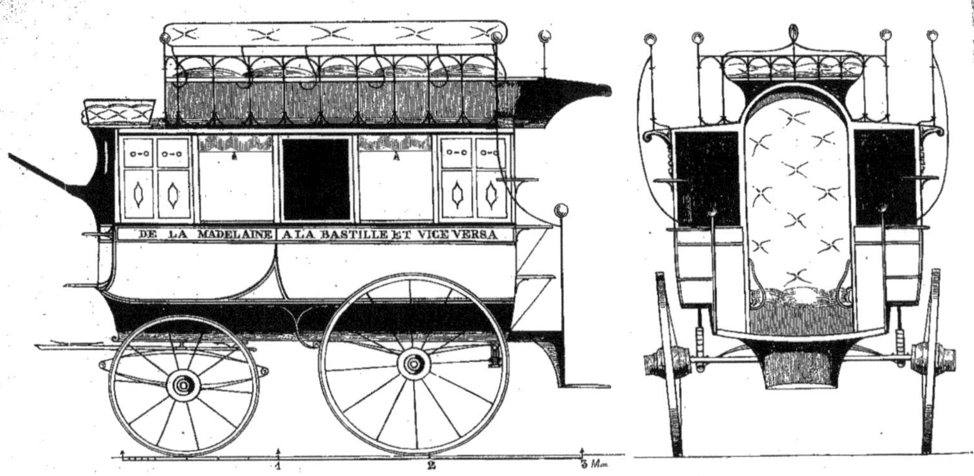

CHAPITRE XLVIII.

Fig. B H.

Les améliorations apportées, ainsi qu'elles résultent du modèle ci-contre, sont : un escalier à rampe, lequel est adapté ingénieusement de chaque côté du conducteur. On fera remarquer que l'architecte a trouvé une disposition si heureuse, que chaque escalier ne gêne ni le conducteur ni la circulation. Toutes les personnes peuvent monter sur l'impériale facilement, sans aucune crainte et sans le moindre danger ; de manière qu'il ne s'agit plus ici d'agilité, d'adresse, d'exercice gymnastique, mais simplement de monter en voiture avec aisance et confortablement. — 2° Le dessus de l'impériale est disposé de manière à bien asseoir les voyageurs qui ne peuvent être pressés les uns contre les autres ni s'incommoder, chacun ayant une place close avec un tablier, en cas de pluie; l'encadrement de l'impériale est une balustrade d'une bonne composition et élégante. Enfin, nous terminerons en disant que la suspension en est douce, agréable et légère, que deux chevaux peuvent le faire rouler rapidement.

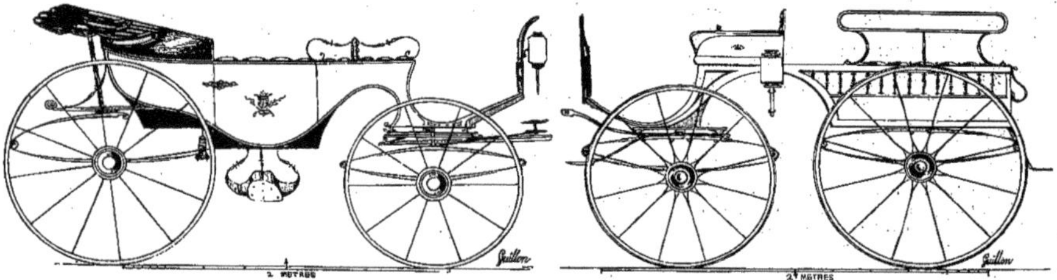

CHAPITRE XLIX.

Fig. B I.

CHAR-A-BANCS.

La disposition de ce modèle est très-avantageuse pour une famille dont le chef veut et peut conduire lui-même; trois banquettes servent à faire asseoir aisément six personnes, et un seul cheval ne sera pas trop chargé à raison de la grande légèreté du véhicule. La combinaison de la caisse avec son train en fait une construction courte, gracieuse, roulante et commode. Les accessoires qui servent à le couvrir, sont ajustés avec ensemble, et s'enlèvent tout d'une pièce, ce qui simplifie beaucoup l'opération; un petit coffre est attenant à l'assise de derrière, et une malle mobile s'y adapte parfaitement,

Fig. B J.

CONTRY CART (Mot anglais)

SE TRADUISANT PAR CHAR DE CAMPAGNE.

Le rapprochement des roues, aussi bien que leur élévation, démontre assez la légèreté de ce véhicule où quatre personnes sont logées facilement sur l'arrière, et trois sur le devant; le dossier, visible à la face latérale, se trouve faire face à un autre tout pareil, servant à appuyer les deux autres personnes, placées vis à-vis; le siège de devant contient trois places, ce qui en fait une voiture à sept places.

Fig. BK.

CHAR-A-BANCS.

Voiture de famille, servant le plus souvent à la campagne; quand on a à craindre la maladresse d'un cocher peu expérimenté, on conduit alors soi-même, et on est à couvert; on peut communiquer avec les personnes qui sont à l'intérieur; en un mot, c'est le cas de dire que l'on est en famille; quoique l'on tienne la place du cocher, en été, on enlève tous les accessoires, et l'on a un char-à-bancs dans toute la vérité du mot, et ce genre de rouler est aussi élégant que commode. La forme que nous représentons ici n'a peut-être pas toute la grâce que l'on pourrait souhaiter; mais, en revanche, le véhicule, nous le répétons, est commode, confortable et solide; l'entendement en est parfaitement raisonné.

Fig. BK.

NEUVIÈME PARTIE.

DES WAGONS.

Je donne dans cette partie de mon traité, trois classes de wagons avec coupes extérieures, dessinés sur une échelle de 1/25; je n'ai pas donné les plans de terre, parce qu'ils auraient été inutiles au point où j'en suis arrivé dans les démonstrations, et même le constructeur peut parfaitement s'en passer, car ils n'auraient servi qu'à indiquer les planchers et leurs supports, les pavillons et les courbes. Ainsi, comme à la fin de ce traité il y a des notes qui indiquent les bois nécessaires à toutes les constructions, on peut y voir que les bois qui doivent servir aux berlines sont les mêmes, et que les figures desdites berlines sont un diminutif de celles des wagons, en ce qui touche les pavillons et planchers.

Fig. BL.

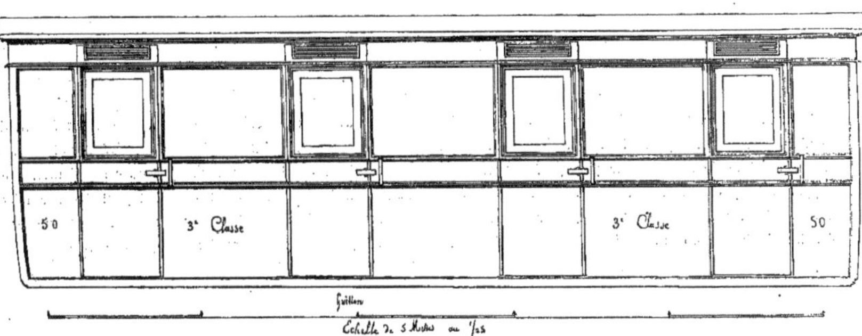

WAGONS DE 2ᵉ CLASSE contenant 40 places

Fig. BL., vue de derrière.

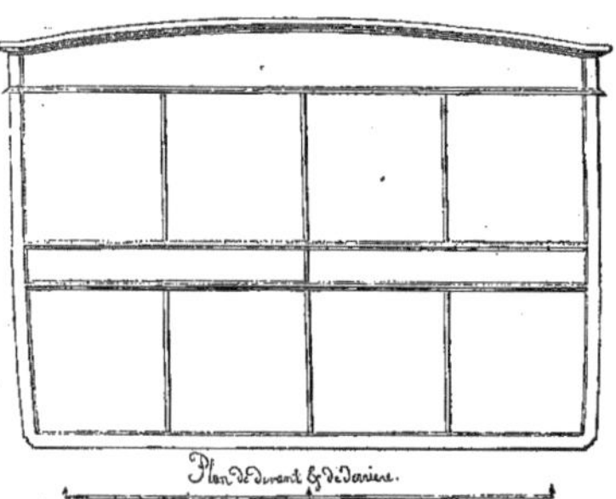

PLAN DE MIROIR, ou coupe extérieure de la figure en regard désignée sous les lettres BL.

Fig. BL.,

Ces caisses sont habituellement construites dans des fabriques spéciales où les matières nécessaires sont en grande provision, et où on sait par pratique les bien employer; les galbes ou brancards sont très-souvent en fresne, et les montants et traverses en chêne ou en orme les courbes généralement en hêtre sont recouvertes de voliges sur lesquelles est étendue une couverture en zinc : pour les côtés latéraux aussi bien que devant et derrière, ce sont de petits panneaux de tôle battue, planée ou emboutie suivant les places qu'ils recouvrent; mais pour les troisièmes et deuxièmes classes, la tôle est le plus souvent brute. Quant à l'intérieur, tous les bancs sont en chêne rabottés et non garnis.

Fig. BM.

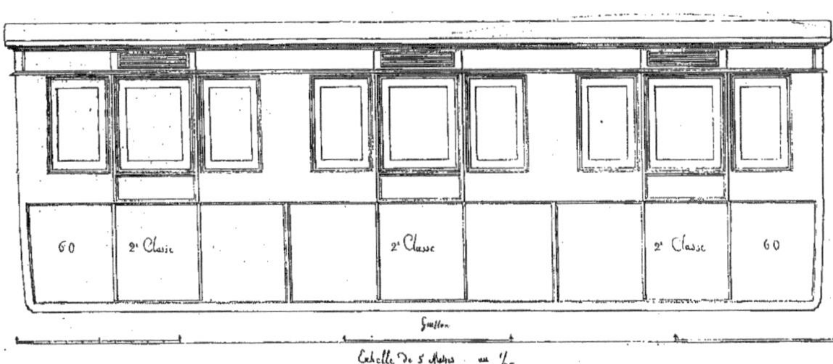

WAGONS DE 2ᵒ CLASSE contenant 30 places.

Fig. BM, *vue de derrière.*

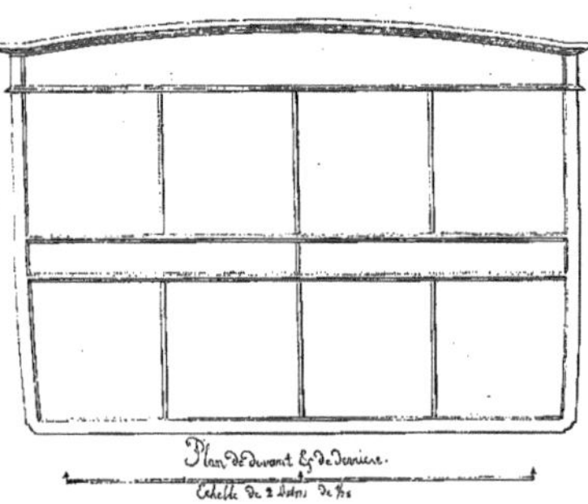

PLAN DE MIROIR ou coupe extérieure du wagon de 2ᵉ classe, dont la fig. BM est en regard.

Fig. BM.

Wagon de 2ᵉ classe.

Il ne diffère pas de construction d'avec celui de troisième classe quant à l'extérieur; mais pour l'intérieur il est bien plus commode, les compartiments en sont bien plus grands; il y a trois châssis chaque côté, et chaque compartiment a dix places; ces châssis coulent dans les panneaux et disparaissent à volonté, suivant le besoin des voyageurs. Pour l'air et la clôture, il y a à chaque compartiment deux ventilateurs mobiles qu'on peut fermer quand les châssis sont ouverts et qu'on peut ouvrir quand ils sont fermés; les banquettes sont garnies ainsi que les dossiers et bas-côtés, un réflecteur éclaire dix personnes, qui en définitive sont beaucoup plus à l'aise que dans les wagons de troisième classe. Je donne ces quatre figures sans roues, car les mêmes trucs servent pour les uns comme pour les autres.

Les peintures en sont généralement vertes avec corps noirs et châssis peints couleur acajou, mais il se fait maintenant pour certaines administrations des wagons de deuxième classe auxquels il n'entre pas de tôle; les panneaux extérieurs sont tout en bois poli et verni, ce qui constitue une couleur de bois à peu près pareille à celle du chêne, mais ce n'est pas du chêne; c'est un bois appelé à Paris *taeck*; il vient d'Amérique en Angleterre et d'Angleterre en France. Comme à la fin de ce traité, les notes sur l'origine, et le mérite de toutes les matières utiles à la carrosserie y sont décrites, on peut alors les consulter.

Fig. BN.

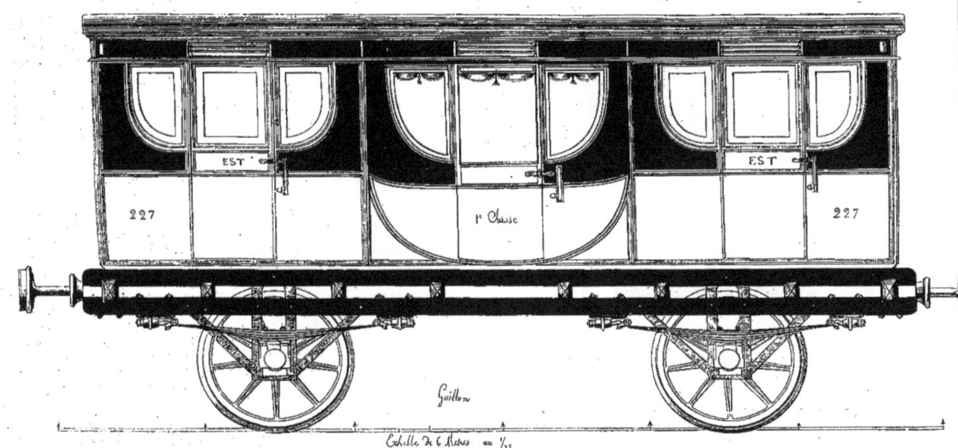

Échelle de 6 Mètres au 1/25

WAGON DE 1ʳᵉ CLASSE, contenant 24 places.

Fig. BN, *vue de-derrière.*

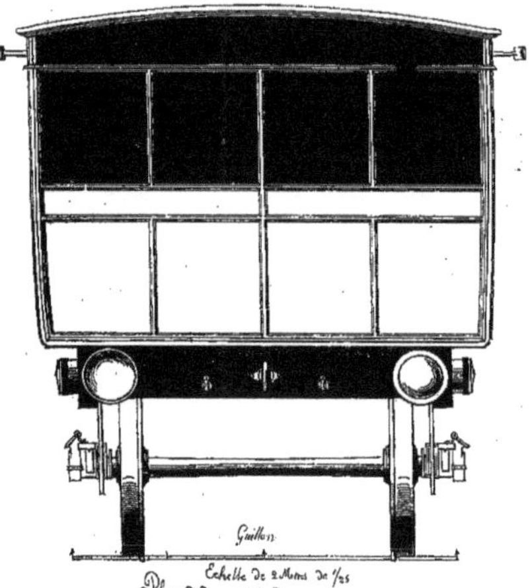

PLAN DE MIROIR du wagon de 1re classe de la fig. BN en regard.

Fig. BN.
Wagon de 1re classe.

Si j'ai montré le wagon parfait, ce n'est pas pour faire la description du truc, car je sortirais de mon sujet et cela serait bien inutile, puisque les trucs sont faits dans des usines spéciales, et n'ont aucun rapport avec la carrosserie. Mais cette figure montée ainsi donne une idée plus juste des mesures et du placement des bois forts servant d'adaptation, si je n'ai pas placé les marchepieds, c'est pour que le détail en soit plus visible vu que cela ne regarde pas le constructeur, mais bien les chefs du matériel aux chemins de fer, gens qui le plus souvent ne connaissent rien à cette partie.

Le wagon de première classe est à trois compartiments de chacun huit places, il est quelquefois à panneaux de noyer et d'autres fois à panneaux de tôle, mais cela importe peu. C'est d'abord sa coupe qui est plus gracieuse en ce qu'elle se rapproche un peu plus de la voiture bourgeoise que les autres, le plaqué et la peinture le rendent aussi un peu plus coquet; mais là n'est pas tout, c'est l'intérieur qui diffère essentiellement des autres, par la qualité de la marchandise aussi bien puc par la façon dont elle est employée. Il faut avouer qu'un wagon de première classe est une vraie berline de voyage dans tout ce qu'il y avait de bien au temps aristocratique, et même mieux pour certains agréments, tels que ceux de la lumière qui est assez vive pour lire sans se fatiguer.

Les quatre places sur chaque banc sont séparées par deux, c'est-à-dire qu'entre deux places, de chaque côté, il y a une séparation garnie et portant un accoudoir très-confortable; les coussins et matelas sont en drap très-fin et rembourrés de crin de première qualité, les galons en sont riches. Des rideaux luxueux garnissent les glaces de côté et des stores celles des portières; des jalousies sont aussi à la disposition des voyageurs. S'il fait froid, on a des tapis laineux ou soyeux, on a encore des bouillottes d'eau chaude pour mettre ses pieds; s'il fait chaud, on se sert des ventilateurs qui sont très-bien disposés. Ainsi sont construits les wagons de première classe, dont la peinture extérieure varie suivant les goûts des administrateurs.

Fig. 80.

PETITE LOCOMOTIVE A AIR COMPRIMÉ, à système breveté.

Fig. 80.

Petite locomotive à air comprimé.

Ce système, étudié depuis vingt ans, n'a pas encore donné de résultats bien connus, et cela, peut-être parce que les grands frais ont toujours arrêté les inventeurs. Cependant, j'ai vu fonctionner la petite machine figurée ci-dessus et je vais indiquer autant que possible les moyens employés et les résultats acquis.

La chaudière figurée n'est qu'un grand récipient où on introduit de l'air jusqu'à 50 atmosphères par une machine foulante et aspirante dans le genre de ces pompes qui servent aux bateaux plongeurs ou cloches à plonger ; après avoir introduit l'air nécessaire, des tuyaux de plomb portant l'air au cylindre dans lequel fonctionne un piston qui à chaque coup fait faire un tour aux roues motrices, qui ont 1 mètre de rayon, et le piston 2 mètres de course qui fait rouler et dérouler une chaîne sur une poulie jumelle placée au centre de l'essieu brisé et embrassant les deux roues motrices à la fois, ce qui permet alors de diriger leur marche en deux sens différents. Voilà le système qui peut, un jour, être appelé à faire révolution dans le principe de la vapeur.

DIXIÈME PARTIE.

DES SQUELETTES OU MACHINES A DRESSER LES CHEVAUX DES CAMIONS. — DE LEURS PLANS ET COUPES.
DES CAISSONS ET AFFUTS DE CANONS ET FORGES DE CAMPAGNE.

Ces dernières figures ne sont placées ici que pour donner au fabricant une connaissance élémentaire des travaux de guerre qu'il peut être appelé à construire pour l'armée; mais, dans ce cas, le corps du génie est dans l'habitude de fournir des dessins très-détaillés et sur lesquels le fabriquant peut travailler de point en point.

Fig BP.

SQUELETTE AVEC SIÉGE SUPPLÉMENTAIRE, attelé de l'écolier et du maître d'école,   *(à l'échelle de un 20ᵉ.)*

Fig. B P.

Squelette avec siége supplémentaire attelé de l'écolier et du maître d'école; on entend, bien entendu, par écolier, le cheval qu'on veut dresser, et par le maître d'école celui qui, déjà dressé, sort de mise en train.

Nous n'entrerons pas dans l'explication des moyens employés pour dresser les chevaux, car chaque praticien a les siens, les uns à l'aide du fouet toujours et quand même, et les autres ne s'en servant qu'au besoin; nous donnons la préférence à ces derniers. Nous ferons remarquer que le squelette B P, avec son petit siége de derrière, offre cet avantage, qu'on a toujours un aide avec soi et sous sa main prêt à tout événement.

Fig. BQ.

SQUELETTE SIMPLE, attelé seulement du maître d'école,   (à l'échelle de un 20°.)

Fig. B Q.
Squelette simple attelé seulement du maître d'école.

Cette figure n'est tout simplement faite que pour représenter le squelette prêt à recevoir le cheval écolier, et on voit que, par le moyen des parties rembourrées, le cheval peut ruer sans accidents, car les bourrelets adaptés à la volée sont comme la figure les représente, disposés de manière à amortir les coups qui ne manqueraient pas de blesser le cheval apprenti. La séparation apparente et attenante au timon du squelette fig. B Q est simplement une planche bien assujettie au timon et au garde-coups, dont la partie supérieure se nomme habituellement aux autres voitures garde-crotte. Cette planche de séparation a pour but d'empêcher l'écolier de se laisser pencher sur le maître d'école, ce qui naturellement le gênerait beaucoup; on peut remarquer qu'il n'y a qu'un trait, et en dehors; pour le dedans c'est une petite chaîne qui vient s'accrocher aux atelles et qui, par cela même, simplifie beaucoup l'attelage et le dételage, opération toujours difficile et dangereuse, surtout avec des chevaux non dressés.

Fig. BR.

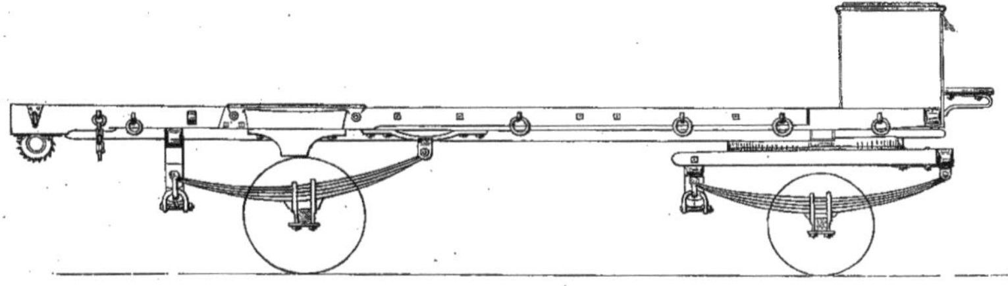

CAMION A UN CHEVAL,   (*à l'échelle de un 20*.)

Fig. B R.
Camion type pour toutes les administrations et roulages.
La fig. B et S au plan d'exécution en regard indique suffisamment toutes les parties de bois et de fer qui en constituent l'exécution; nous dirons seulement qu'ils sont ordinairement construits en bois d'orme et de frêne, et les tourillons en charme ou tortillard : le montage est à six ressorts dont deux en travers, ce qui donne une suspension bonne et solide.

Fig. 35.

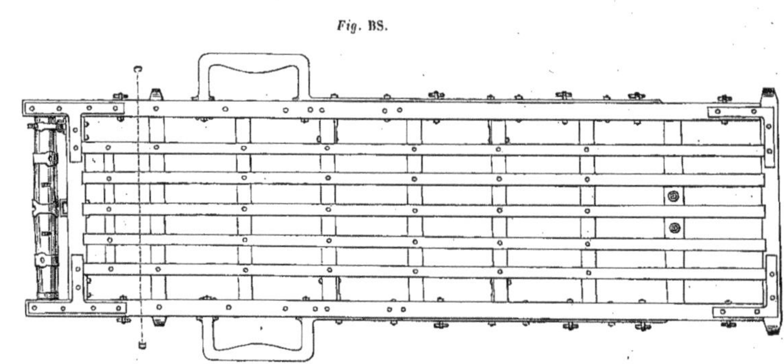

PLAN D'EXÉCUTION DU CAMION A UN CHEVAL.   (à l'échelle de un 20e.)

Fig. BT

FOURGON A RATIONS

(*à l'échelle de un* 24e.)

Fig. B T.

Fourgon à rations.

Il est monté sur ressorts à pincettes; tout le train est en bois d'orme et le timon en frêne; pour la caisse les brancards et traverses de fond sont en chêne. Tous les montants, ainsi que les traverses et courbes, sont en frêne, les parois supérieurs ou longrines sont en chêne, les fonds ou planchers sont en sapin, les panneaux en tôle à l'extérieur et en sapin à l'intérieur. Ce caisson contient 1,200 rations de pain et quelques autres bagages accessoires, et il s'en exécute de fort bien conditionnés dans la fabrique de M. Trottemant.

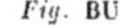

Fig. BU.

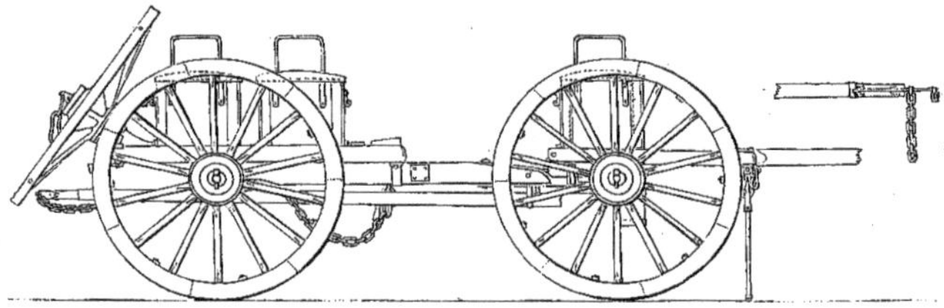

CAISSON D'ARTILLERIE.

Fig. B U.

Caisson d'artillerie.

Le bâtis de ce caisson se compose de trois brancards assemblés par le corps d'essieu, et réunis au-devant par une ferrure à gueule de loup et un épars ; la flèche est au-dessous du brancard du milieu ; la planche de devant du marche-pied est fixée sur des supports en fer, les brancards sont réunis, en arrière, par une bande-support d'essieu porte-roues ; et, au milieu, par une bande d'assemblage. Sur le derrière du caisson est un essieu porte roues, incliné vers la terre pour relever le bas de la roue de rechange ; il est formé de bandes de fer, adhérentes au cône de la fusée, et assemblées en croix. De cette manière, tout en conservant de la légèreté et de la solidité, il empêche la roue de balloter ; celle-ci peut glisser le long de l'essieu, mais elle ne peut le quitter, quand elle rencontre un obstacle, son mouvement étant limité par une chaîne de deux mailles longues, terminée par un T en fer ; elle reprend sa position quand l'obstacle est franchi.

Au-dessous de l'essieu porte-roues est un crochet de brancard du milieu, qui peut, au besoin, remplir les mêmes fonctions que le crochet cheville ouvrière des avant-trains et traîner un arrière-train ; on forme ainsi une voiture à six roues qui conserve encore une grande mobilité.

La bande-support d'essieu porte une ouverture allongée pour recevoir la lame d'une pioche ; une plaque à chevillette est placée contre un brancard, pour accrocher une pelle percée à cet effet d'un trou ; on porte aussi un levier de rechange passé dans un anneau porte-levier ; enfin un timon ferré de rechange, placé en dessous, sert à remplacer promptement un timon cassé par accident. L'essieu, en fer, est le même que celui de l'avant-train de campagne ; le sabot d'enrayage, les deux plaques d'appui de roue, la lunette de flèche, remplissent le même office que dans les autres voitures ; la roue est la même que celle des affûts ; la chaîne de sabot est fixée au brancard gauche par une bride-chaîne de sabot, et le sabot est suspendu par un crochet porte-sabot et une chaînette à T.

Les deux coffres sont placés sur les brancards, chacun est maintenu du côté opposé à l'ouverture, par la bande d'assemblage des brancards, à l'aide de la patte de l'équerre du milieu de derrière, et du côté de l'ouverture, par les pattes des deux équerres de devant, les arrêtoirs de coffres et de leurs clavettes. Chaque coffre est composé de deux côtés et d'un fond, en bois de sapin, de deux bouts et d'une séparation principale en orme ; le fond et les deux côtés sont revêtus extérieurement de feuilles de tôle. Le couvercle est composé d'un cadre, d'un panneau et d'une planchette en bois blanc, et recouvert en tôle ; ce couvercle est à emboîtures pour empêcher l'infiltration de l'eau. Le coffre s'ouvre à l'aide de deux charnières ; il est fermé par deux tourniquets.

La disposition des coffres permet d'y faire asseoir des canonniers, pour l'exécution des mouvements rapides ; les poignées leur servent à s'y maintenir ; elles servent aussi, en y passant un brancard à levier, au transport des coffres dans les parcs.

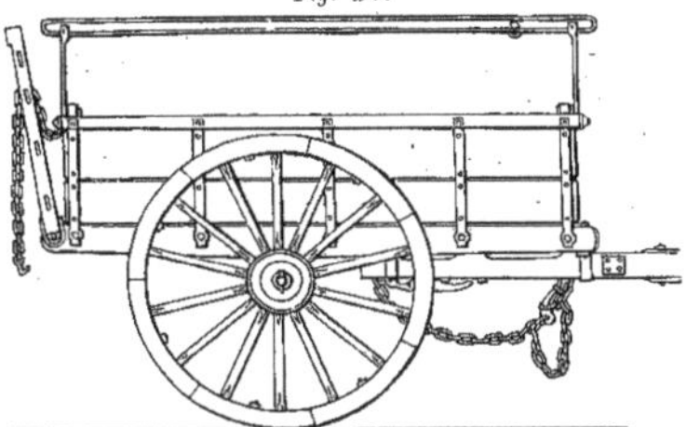

Fig. BV.

CHARIOT DE BATTERIE   (*Echelle d'un 30ᵐ.*)

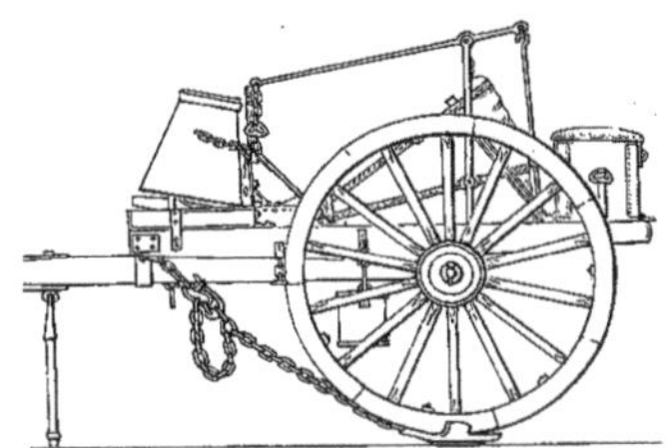

Fig. BX.

FORGE DE CAMPAGNE   (*Echelle d'un 30ᵐ.*)

Fig. B V.
Chariot de batterie.

Le chariot de batterie est composé de deux brancards réunis par un corps d'essieu en bois et par six épars qui portent les planches de fond. Les deux côtés sont formés de planches et de ridelles, maintenues par six ranchets et par deux bandes d'écartement en fer; le chariot est fermé par deux bouts en planches, placés dans quatre coulisses qui permettent de les enlever, ce qui est nécessaire pour placer dans le chariot des pièces un peu longues et pour exécuter le chargement avec plus de facilité. Le chariot est couvert au besoin d'un prélat soutenu par une perche en bois qui sert de faîtière, et qui peut se rabattre quand le chargement ne doit pas être couvert. L'essieu en fer, les deux roues, les plaques de frottement, les sabots d'enrayage sont les mêmes qu'aux caissons; une fourragère placée derrière, formée de deux montants et de quatre épars, sert à porter du foin ou d'autres objets.

L'avant-train, qui est le même que celui des autres voitures, porte un coffre de même dimension que ceux des avant-trains d'affûts; mais ce coffre n'a pas de séparation principale.

Fig. B V.
Forge de campagne.

La forge de campagne doit porter, outre l'âtre, le soufflet et le mécanisme destinés à le mettre en mouvement, les outils d'ouvriers en fer, comprenant une bigorne, son bloc et un diable; les approvisionnements en fer des pièces de rechange en fer, tels que crochets, cheville ouvrière, sus-bande, manchons de support de limon, rondelles d'épaulement et de bout d'essieu.

Le corps de voiture de la forge de campagne est composé de 2 brancards reliés par quatre traverses et d'une flèche, assemblés par un corps d'essieu. L'âtre est établi entre les parties antérieures des brancards; le soufflet, placé au milieu, est préservé du feu de l'âtre par un contre-cœur en tôle, s'appuie en avant sur une traverse et est soutenu en arrière par des tourbillons qui traversent les montants de branloire; ceux-ci s'appuient sur les brancards et sont réunis dans la partie supérieure par la traverse qui porte la branloire.

Le coffre d'outils de serrurier est fixé en route au-dessous de la planche d'établi, placée sur le derrière des brancards; la caisse à charbon en tôle est placée entre les brancards et sous la tuyère du soufflet, la bigorne se place sur l'âtre, et le bloc par dessus, ce dernier est maintenu par deux chaînettes passées autour des arcs boutants de contre-cœur; le seau et une pelle sont suspendus aux brancards; une servante est placée sous la flèche. Cette voiture est munie, comme les affûts et les caissons, d'un sabot d'enrayage, de plaques d'appui de roues, d'essieux, de rondelles, d'esses, etc. Le coffre de l'avant-train, le même que celui du chariot de batterie, porte les outils de forgeron, l'approvisionnement en fer et quelques pièces de rechange.

CHAPITRE L.
DE LA CONSTRUCTION DES CAISSES.

Fig. B Y.

Cette caisse est la même que celle toute montée du chapitre 10, fig. L et M de la 1re partie.

Caisse de cabriolet sans ses panneaux et avec ses cerceaux montés sur éventails à oreilles. Les lignes aliant d'un goujon à l'autre, indiquent l'endroit où doit être la charnière du nœud de compas, situation raisonnée pour que la fermeture du compas ne gêne pas plus en haut qu'en bas, lorsque les cerceaux sont rabattus. Cette opération se fait en exécution avec des cordeaux mobiles, et l'intelligence doit faire trouver les procédés que la description, la mieux écrite, ne pourrait enseigner.

Fig. B Z.

PARTIE POSTÉRIEURE DE LA CAISSE DU CABRIOLET BY.

On peut remarquer le devers ordinaire du pied cormier et du pied d'entrée sur lequel repose le cerceau le plus large; si le cerceau de derrière ne repose pas sur le pied cormier, c'est qu'il en doit être ainsi pour l'aplomb du coin supérieur dudit cerceau.

Fig. C D.

Représentant le devant du cabriolet fig. B Y, avec le cerceau du devant, assemblé à coins au lieu de clefs, planche de dossier, barres et traverses visibles, puisque les panneaux n'y sont pas figurés.

La fig. C E indique la forme du garde-crotte forgé tout d'une pièce, ce qui signifie que les traverses et poignées ne sont pas rivées au corps du garde-crotte, comme cela pourrait se faire; la fig. C F représente le plan de terre de la caisse de cabriolet B Y, et laisse voir la forme et les contours que doivent avoir à peu près chaque pièce de bois avant d'être assemblées. Pour la double fig. CG, son plan raccourci indique la porte fermée vue d'en haut, et la figure la plus grande, la montre dans son étendue naturelle.

ONZIÈME PARTIE. — DE LA CONSTRUCTION DES CAISSES DE VOITURES.

CHAPITRE L.

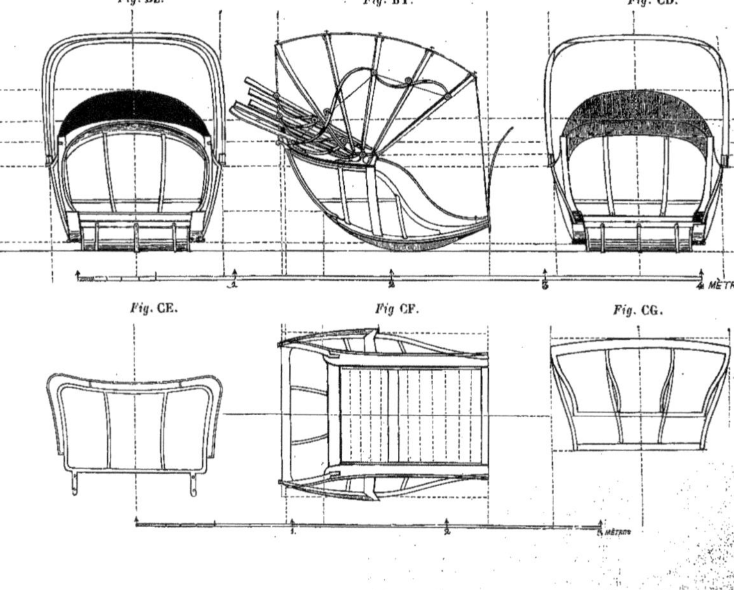

CHAPITRE LI.

Caisse de Carrick.

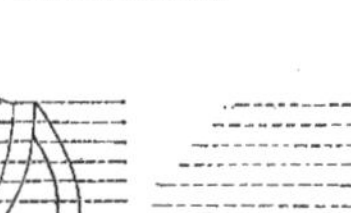

Fig. CI.

Fig. CH.

CHAPITRE LI.
DE LA CAISSE D'UN CARRICK.

Fig. C H. Lettre B.

Cette caisse est la même que celle du chapitre II, Figure N de la 1re partie.

Plan latéral de la caisse qui donne exactement les calibres utiles à cette face.

Fig. C I. Lettre C.

Coupe du devant de la fig. C H, dessinée suivant les projections linéaires, fig. C J. Plan postérieur ou vue de miroir, de la partie postérieure de la fig. C H, lettre B. La fig. C K n'est autre que le plan de terre de la fig. C H, lettre B, ou plan vu d'en haut et plongeant à l'intérieur. Je ferai remarquer que si cette caisse de carrick est aussi large à l'endroit des accoudoirs, c'est parce que ce genre d'équipage étant plutôt pour étaler le luxe que pour suivre la mode ordinaire, il doit être vaste et pompeux, et d'ailleurs quant au principe, il est le même pour l'exécution; on peut réduire, comme augmenter, les mesures, sans que cela nuise aux moyens d'établir les calibres qui consistent à prendre les empreintes sur chacune des 4 figures suivant l'ordre régulier et déjà indiqué.

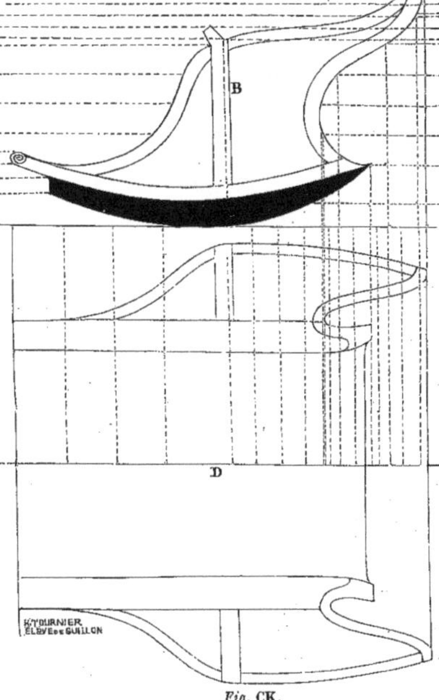

Fig. CK.

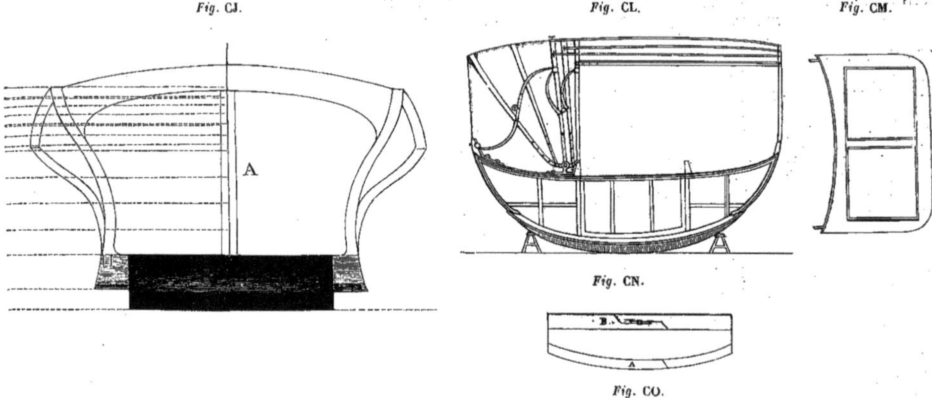

Fig. CJ.

Fig. CL.

Fig. CM.

Fig. CN.

Fig. CO.

Fig. C L.

CAISSE DE CALÈCHE.

Reproduction de la caisse toute montée de la calèche, fig. UU, du chapitre XXIX, de la 5ᵉ partie de cette méthode.

On peut, par le dessin, remarquer la manière d'attacher les tringles d'avance, et la position des cerceaux retenus fixes par lesdites tringles qui sont fixées également sur l'avance que la fig. CM. représente; et constituent alors la calèche fermée ou disposée pour être fermée.

Fig. C N. Lettre B.

Vue en plan du brancard de caisse de calèche avec son assemblage appelé trait de Jupiter, formé de deux traits d'hypothénuse, (voir la figure 24 du préliminaire).

Fig. C O. Lettre A.

Vue latérale du brancard assemblé à trait de Jupiter. Cet assemblage n'aurait rien de bien saillant sans la manière dont la cheville ou clef est conditionnée, car la grande solidité se trouve à cet endroit. Cette cheville, ainsi que sa mortaise de l'orifice au fond, se diminuent à leurs extrémités, de manière à ce que plus on enfonce la cheville, plus l'assemblage est précis, juste et solide.

CHAPITRE LII.

Pièces détachées de l'Américaine, Fig. GG du chapitre 20 de la 4me partie.

Fig. CP.   Fig. CQ.

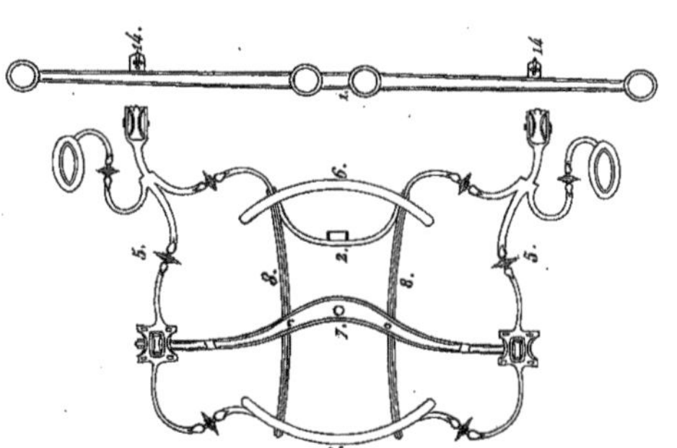

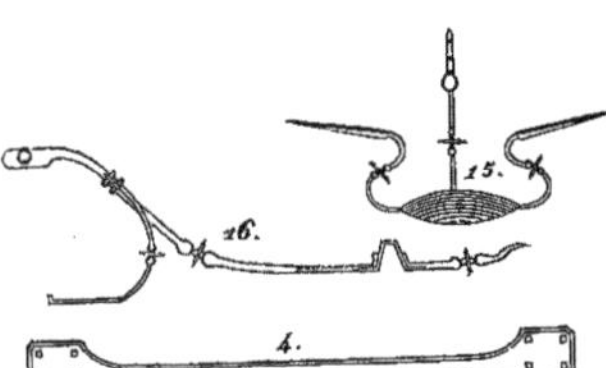

Fig. CR.

CHAPITRE LII.
DES AVANT-TRAINS.
Fig. CP. CQ. — CR.

Avant-train de l'Américaine, fig. GG du chapitre XX de la 4° partie de cette méthode.

Comme les termes techniques sont très-utiles à connaître, surtout dans ce genre de travail, je vais les énumérer sur la fig. C P. 1, volée de timon. — 2, douilles de timon. — 3, entre-deux de fourchettes. — 4, traverse postérieure dite à l'anglaise. — 5, armons en fer. — 6, jantes de rond. — 7, sellette. — 8, fourchettes d'armons. — 9, lisoir. — 10, traverse de support. — 11, fourchettes. — 12, ferrure de parade. — 13, rond de jante. — 14, bouts d'armons factices. — 15, marche-pied à lyre, — 16, armons en fer, ciselés, vus en plan latéral.

Fig. CS.

Pièces détachées de l'Américaine, *Fig.* EE, chapitre 19 de la 4me partie.

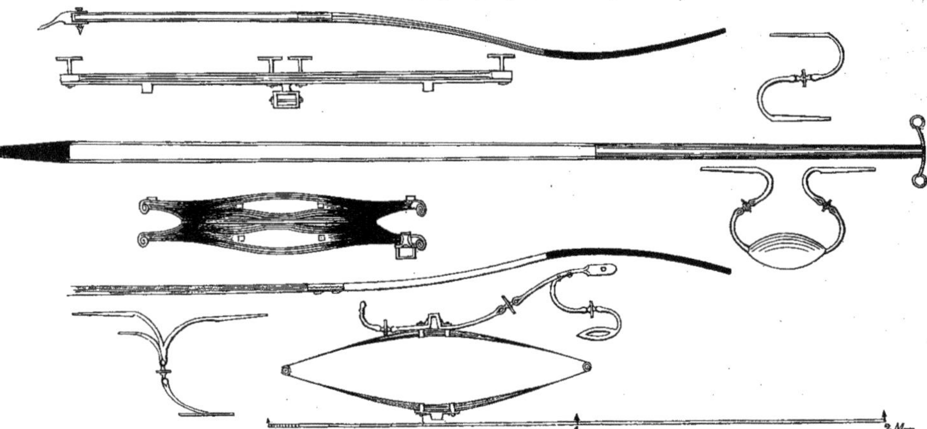

CHAPITRE LIII.
Fig. C S.

Diverses pièces détachées de l'Américaine, fig. EE, chapitre XIX de la 4e partie de cette méthode.

Ces 9 pièces détachées, figurées sur plusieurs faces, sont ici plutôt pour donner le goût du dessin spécial, que pour utilité. Cependant, elles pourront encore assez souvent venir en aide, car l'échelle de proportion, en donnant la mesure intacte, l'ouvrier auquel la mémoire pourrait faire défaut, y trouvera toujours des renseignements indispensables soit comme longeur, largeur, hauteur, disposition et tournure.

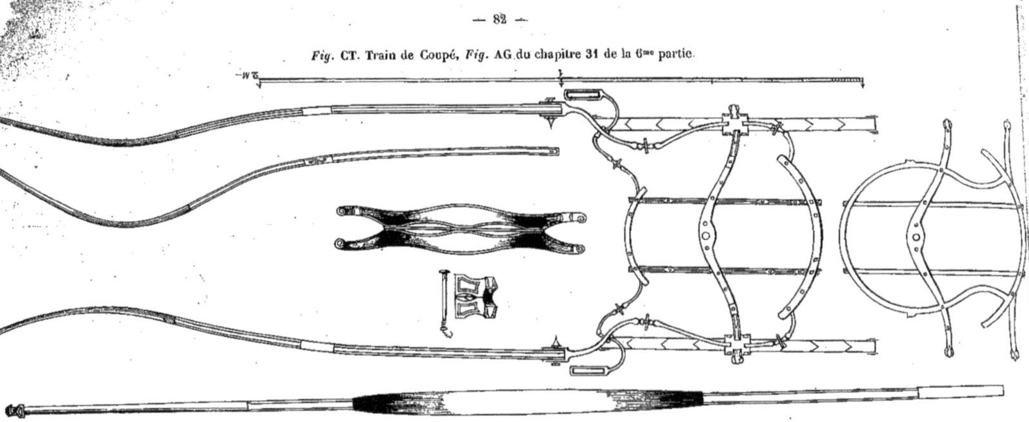

Fig. CT. Train de Coupé, *Fig*. AG du chapitre 31 de la 6me partie.

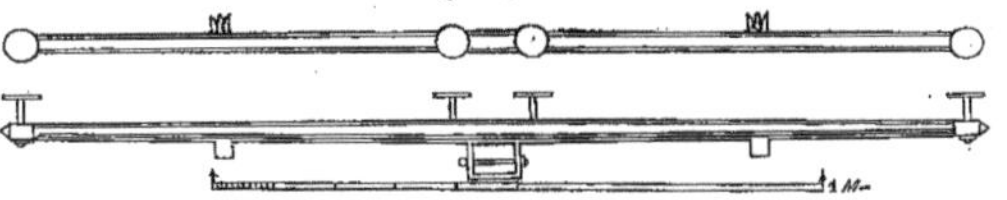

Volée de la fig. CT, vue sur deux faces.

CHAPITRE LIV.
Fig. CT.

Train du coupé, fig. AG du chapitre 31 de la 6e partie de cette méthode.

L'avant-train figuré sous C T, et dont les bois sont cintrés, est encore à double plaque, ce qui signifie que, malgré que le centre soit reporté sur le devant, l'aplomb n'en souffre pas plus que pour un avant-train ordinaire, et cela se voit par la confection du dessin qui montre très-bien que la demi-circonférence du rond de jante de derrière est bien plus grande que celle du devant, et a, par conséquent, bien plus de portée que les avant-trains simples.

Fig. C U.

Avant-train à deux chevilles fixes au-dessus d'avant-train.

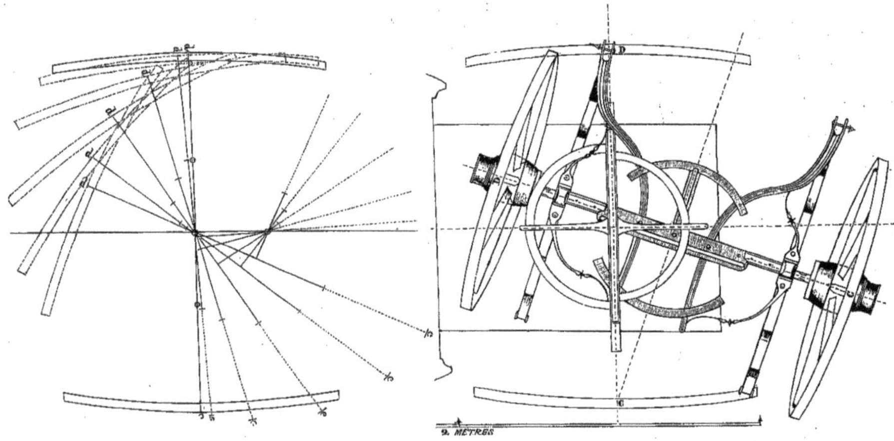

CHAPITRE LV.
Fig. C U.
AVANT-TRAIN A DEUX CHEVILLES FIXÉES AU-DESSUS D'AVANT-TRAIN.

Ce spécimen d'avant-train, dont le système est de raccourcir beaucoup l'évolution des roues, est plus utilement employé pour les coupés-chaises, dont le passage inférieur est habituellement très-gênant aussi. Je donne cette figure toute braquée en face d'un devant de coupé, et je démontre l'évolution des roues par la figure d'épure, qui reproduit les lignes projetées des roues à leur passage supérieur, et, pour le passage inférieur, le pointillé de l'épure indique assez les endroits où la roue est susceptible de toucher.

Indications de la fig. C V.

La lettre C, figurée sur le fer de la roue, indique le parcours inverse de celle qui braque sous la caisse, et la ligne d'épure, extrémité C en dehors et extrémité D en dessous, indique à son milieu le parcours, non des 2 chevilles, mais bien des 2 coulisses, et le fer de la roue, lettre D, indique parfaitement son passage sous le coffre de caisse; quant au passage inférieur, comme je l'ai dit, le pointillé de l'épure le démontre surabondamment.

———

Fig. CV.

Épure de l'avant-train à coulisse et à une cheville prisonnière sur le devant.

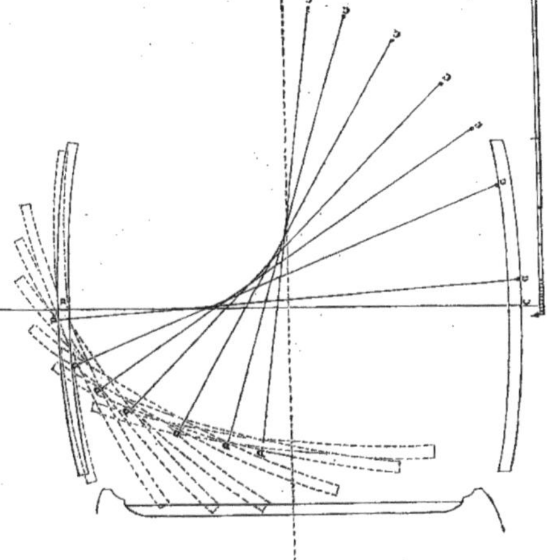

Ce système ne raccourcit que très-peu de plus que le précédent, mais il a l'avantage de donner plus d'aplomb; je n'en donne que l'épure simplement, car M. Felber est breveté pour ce système, et les détails deviendraient alors inutiles. Cette épure peut servir à composer divers genres d'avant-train, où les chevilles ne devraient pas être immobiles, et on pourra même remarquer que cette manière d'opérer raccourcit toujours un peu plus que les autres.

DOUZIEME ET DERNIERE PARTIE

TRAITANT DES VOITURES DIVERSES ET DE FANTAISIE, DES AVANT-TRAINS VARIÉS
ainsi que des Traineaux sous différentes formes,
TERMINÉE PAR UNE VOLÉE D'ATELAGE A 4 A L'ALLEMANDE.

Fig. C X.
Calèche moderne, avec avant-train braqué en plan d'élévation.

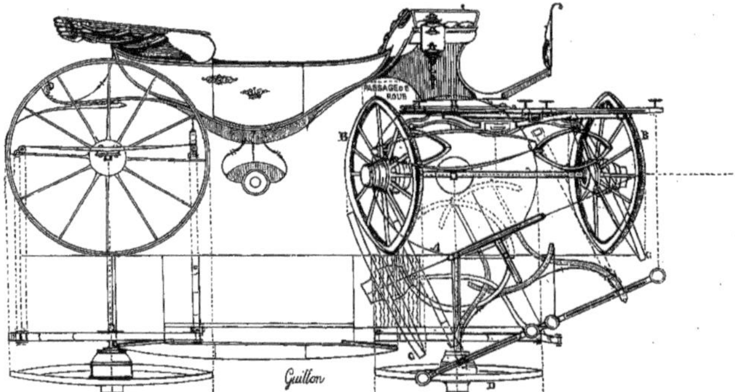

Fig. CX. — CHAPITRE LVI.

Cette petite calèche, montée à pincettes et sur cinq ressorts, est moderne, légère et gracieuse de contours. Je la donne ici avec épure de 1er ordre dans le but de terminer scientifiquement l'œuvre que je termine et pour laquelle je m'étais imposé un travail aussi pénible qu'utile.

Le devant d'avant-train, qui est représenté tout braqué, offre de sérieuses difficultés avant d'arriver à une solution réelle; il faut, pour réussir, s'y prendre théoriquement par les moyens que je vais indiquer; pour dessiner correctement et avec vérité cette triple figure dont la lettre A indique régulièrement la place naturelle de la roue, en plan latéral fig. A; aussi faut-il avant d'arrêter la place de son avant-train, dessiner plus loin sur le papier ledit avant-train, le faire tourner ou braquer par les moyens que j'ai déjà donnés, et voir alors, suivant le passage de la caisse, la position qu'il doit occuper; mais tout cela ne doit se faire primitivement qu'en plan de terre; ainsi, après que le plan de terre est placé et braqué comme on le voit sous les 2 fig. C et D, on projette des lignes d'élévation suivant la fig. C, et ces mêmes lignes, lorsqu'elles sont arrivées à la hauteur des pièces de la fig. A, donnent la mesure élevée et raccourcie d'une manière aussi juste que vraie, tant pour les roues que pour les ressorts, et en un mot, toutes les pièces du dessous d'avant-train; aussi est-il facile de voir (même pour l'œil le moins habile) que la fig. B qui en est la conséquence, indique parfaitement bien que les roues, dans leurs évolutions, n'éprouvent aucune gêne à leur passage sous la caisse.

Fig. CY.

Fig. CY. — Braeck.

Il n'est donné ici que comme complément et pour
varier autant que possible la collection des modèles.

Fig. CZ.

Fig. CZ. — Américaine couverte.

Ce genre de petite voiture figure ici comme la
précédente et donne une idée juste des char-à-bancs
plus ou moins grands.

Fig. DA.

Fig. DA. — Phaéton

Il est un des plus petits et par conséquent des
plus légers dans la famille des phaétons.

Fig. DB.

Fig. DB. — Tilbury à 4 roues.

Cette figure représente tout simplement un tilbury à coffre, monté sur quatre roues.

Fig. DC.

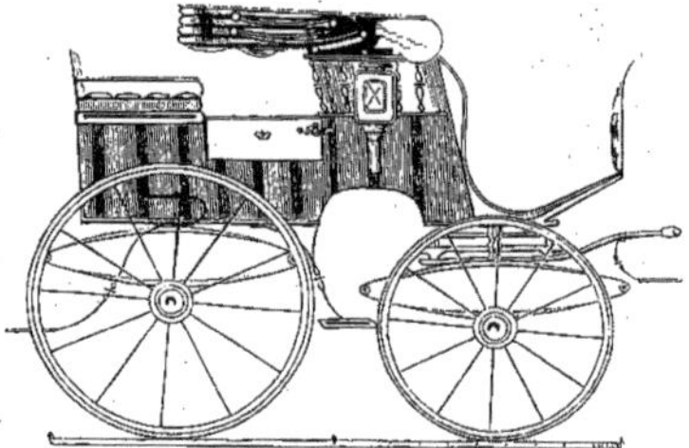

Fig. DC. — Phaéton - Type.

Type de phaéton suit avec portes ou sans portes, avec balustres ou à rotonde unie. Ce genre de voitures ne varie que très-peu.

Fig. DD.

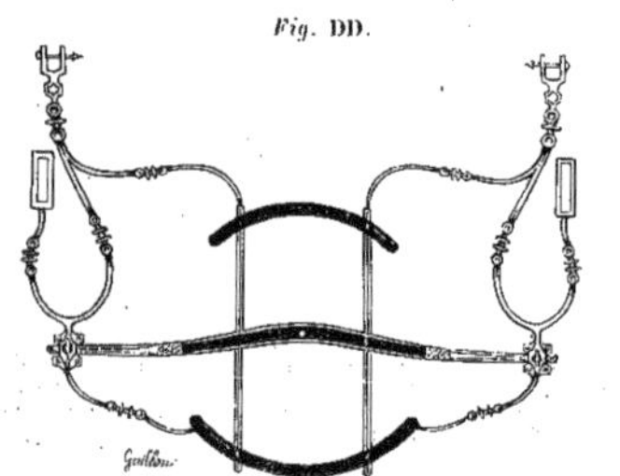

Fig. DD. — Dessous d'avant-train de la fig. BB du 17e chapitre de la 5e partie de ce Traité.

Avant-train à bois fort peu cintré, mais à formes modernes et bien goûtées. Je ferai remarquer que toutes les pièces en fer sont enlevées de forge.

Fig. DE.

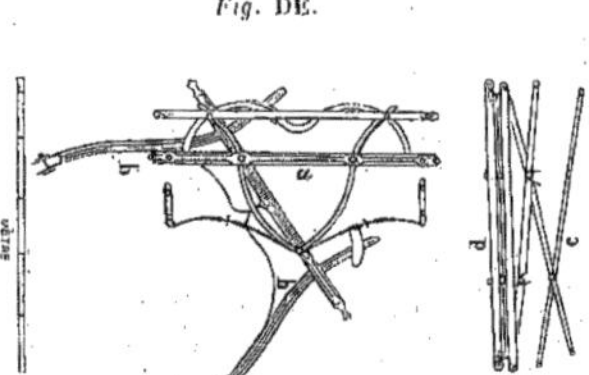

Fig. DE. — Avant-train à deux articulations adapté à la fig. AP de la 7e partie de ce Traité.

La fig. A indique le lisoir, la fig. B les armons et la sellette, et la fig. C les articulations ouvertes que je ne garantis pas de premier mérite, quoique je l'aie vu parfaitement fonctionner en Angleterre. Et d'ailleurs je ne le donne ici que comme renseignement ou comme idée.

Fig. D F.

Traineau tartare.

Une grande et épaisse fourrure, le plus souvent une peau d'ours, sert à couvrir ce traîneau dont les coussins et les tapis sont en peau de loup du nord. La charpente est en cèdre de l'anti-Liban. La claie du dedans et des côtés sont fabriquées avec des bois flandreux du pays. Les chevaux sont très-ardents, — et presque toujours saisis dans les forêts à l'état sauvage; — ils sont dressés par des hommes que l'on appelle voiturins. Ce traîneau est habituellement monté par les habitants distingués de cette province du nord, — tributaires de l'empereur de Russie, — qui, lui-même, a, pour son usage particulier, un traîneau plus simple encore que celui du modèle ci-dessus.

Fig. DG.

Traîneau polonais.

C'est en Pologne que les seigneurs riches et nobles conduisent le plus souvent eux-mêmes leurs traîneaux à formes aussi bizarres que variées.

Aussi n'est-ce pas pour ainsi dire un anachronisme qu'un traîneau qui ne doit régner qu'avec la glace et la neige, soit représenté sous la forme d'un serpent dont les pénates sont presque toujours les climats chauds et non les contrées glacées.

Fig. DII.

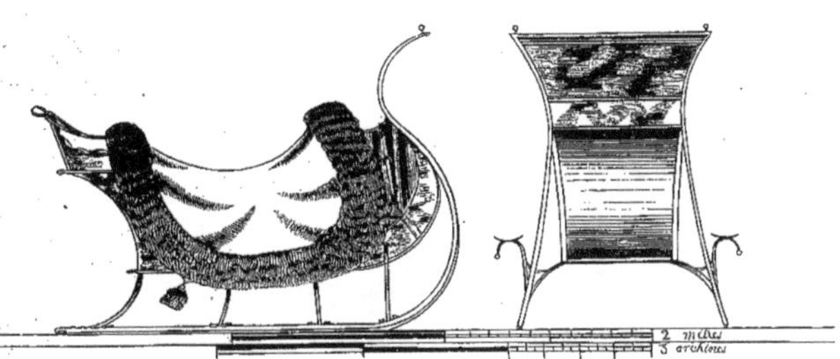

Traîneau russe, et son plan de devant.

C'est à Saint-Pétersbourg que ce genre de traîneau est en vogue; il est traîné par un cheval fougueux et quelquefois par deux dont le cheval hors main est dressé de manière à toujours danser quand celui des brancards ne fait que trotter sérieusement; mais cela est de bon ton et ne se voit guère qu'aux attelages des dandys russes.

Quant au traîneau, il est confectionné de bois de chêne et couvert de panneaux d'acajou rouge affublé d'une espèce d'arçon de cuir sur le devant avec des étriers et étrivières; la garniture est en drap de velours et les brancards sont attachés avec des cordes. Le plan du devant donne régulièrement les mesures de largeur.

Fig. DI.

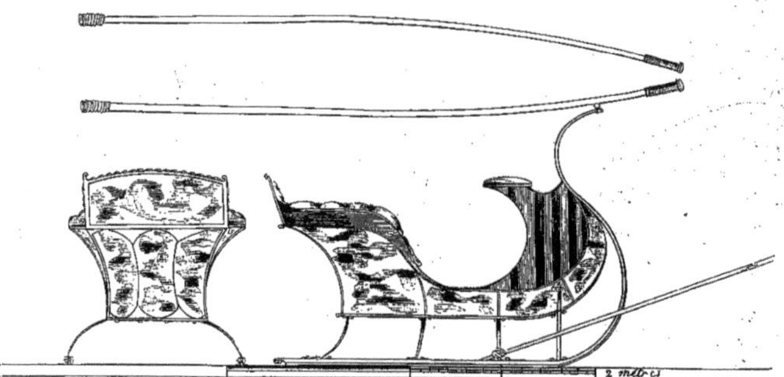

Traineau russe, et son plan de derrière.

Cette figure est la même que celle DH. La différence n'existe que dans la couverture appelée en France housse; elle est en peau d'ours, mais elle varie souvent soit en renard ou un tigre, etc.

Le bon genre pour conduire ce traineau est d'avoir une jambe en dedans et une en dehors, c'est-à-dire une couverte et l'autre non couverte avec la housse,

il est identique au précédent, et le plan de derrière ne figure ici que pour donner l'ensemble général d'un traineau russe; et ses brancards avec des cordes.

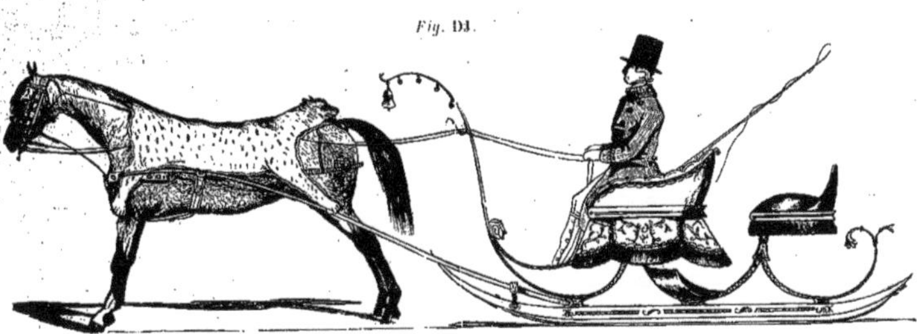

Fig. 94.

Traineau français.

« Si je baptise ce traineau patriotiquement, c'est parce que Paris n'en voit guère que dans les hivers rigoureux, et que ce genre de véhicule n'y est pas parfaitement défini. Ainsi, c'est à l'Hippodrome où j'en ai vu glisser sur le sable, quoj'ai pris ce modèle que j'avais du reste fait exécuter tout exprès.

FIN DE LA MÉTHODE DE L'ARCHITECTE EN VOITURES.

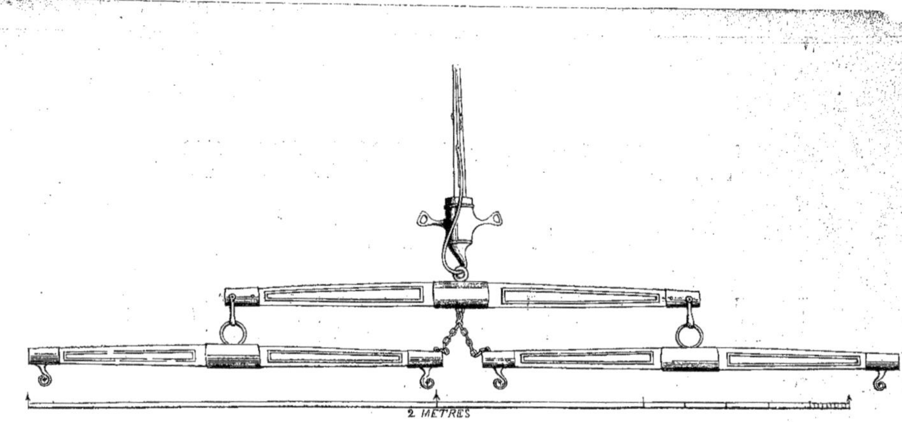

VOLÉE D'ATTELAGE A 4 A L'ALLEMANDE.

ERRATA.

Page 3 du préliminaire, retourner sens dessus dessous la *Fig.* 45.

Page 7, colonne de gauche, à la troisième ligne, à commencer d'en bas, lisez *moyeu* au lieu de moyen.

Page 7, colonne de droite, vingt-unième ligne, à commencer d'en haut, lisez *troisième chapitre* au lieu de second titre.

Page 8, chapitre 4, première ligne, lisez *deuxième* au lieu de premier.

Et à la quinzième ligne du même chapitre, lisez *troisième* au lieu de second.

Page 70 et 71, lisez *échelle* au 24e au lieu de 1/20e.

Page 75, échelle au 1/30e.

Page 85, échelle au 24e.

Page 88 et 89, échelle au 24e.

Page 92, échelle au 24e.

TRAITÉ COMPLET

DU TRACÉ GÉNÉRAL

DE TOUT L'ÉQUIPAGE

CONCERNANT

LE CHARRON-CARROSSIER, LE SERRURIER ET LE SELLIER

COMPOSÉ DE 12 PARTIES, 56 CHAPITRES,

et illustré de plus de **200 Figures**

PAR GUILLON

PRATICIEN.

Montmartre. — Imprimerie Pilloy.